Brigitte Stumpf-Braunsmann

Heilkräuter - ein Genuss!

Rezepte und Anleitungen

SCHNELL

SCHNELL Buch & Druck
Warendorfer Lieblingsbücher

Impressum:

Brigitte Stumpf-Braunsmann:
Heilkräuter - ein Genuss!
Rezepte und Anleitungen

Titelbild und Abbildungen:
Brigitte Stumpf-Braunsmann, Mettmann

Verlag SCHNELL, Oststraße 24, 48231 Warendorf
ISBN 3-87716-762-4
Warendorf, Januar 2004

Inhalt

Zur Einstimmung

Kräuterküche - welch ein Gedicht!
Viele wissen's, viele nicht.
Ganz gleich ob Giersch, ob Löwenzahn,
Ihr Kräutlein habt's mir angetan.
Lavendel für den Kräuterwein,
Stiefmütterchenlikör schmeckt fein!
Kerbelsüppchen, Nesselspinat,
Essbare Blüten im Obstsalat ...
Jeden Tag:
Frisch von der Wiese auf den Tisch.
Kräuterküche - welch ein Gedicht!

Gesunde, köstliche Kräuterküche

„Alle Küchen- und Gewürzkräuter sind (...) gleichzeitig auch Heilkräuter"!
(KREUTER, 1985, S. 7).

Mit den hier vorgestellten Zaubertränken, Kräutergeistern und naturgesunden Mahlzeiten verwöhnen Sie nicht nur Ihren Gaumen! Sie können durch die Verwendung von Kräutern in Ihrer „Hexenküche" daheim auch Ihrer Gesundheit viel Gutes tun. Denn seit jeher sind Kräuter und Pflanzen den Menschen Nahrungsmittel und Heilmittel zugleich. Kräuter enthalten viele Vitamine und Mineralstoffe und auch „verborgene" Eigenschaften, die uns teilweise in Jahrtausende alten Schriften überliefert sind. In der vorliegenden Rezeptesammlung finden Sie dementsprechend zahlreiche Hinweise auf die traditionellen oder nachgewiesenen gesundheitsfördernden Eigenschaften von Kräutern und den hier vorgestellten Kräuterzubereitungen.

Im Mittelpunkt aber stehen die kulinarischen Gaumenfreuden: Denn Heilkräuter, frisch gepflückt oder entsprechend zubereitet, sind ein Genuss!

Zugleich zeige ich Ihnen durch meine Rezepte auch die Bandbreite der Verwendungsmöglichkeiten von Heilkräutern in der Küche.

Sie finden viele einfache Rezeptvorschläge und so manches Ungewöhnliche. Auch für noch unerfahrene Kräuterköchinnen und Kräuterköche und selbst für „Hexenkinder" hält die Rezeptesammlung erste Kunststücke des „Kräuterküchen-Einmaleins" bereit:

Zaubern Sie Ihren eigenen, geheimnisvollen Kräutertrank! Melissenlimonade, Lavendeleismilch, Waldmeisterbowle und Monardentee werden Sie am Tage erfrischen und meine warme Pfefferminzmilch lässt Sie am Abend ganz wohlig zur Ruhe kommen.

Verwöhnen Sie sich und Ihre Lieben mit selbst gemachten Kräutergeistern, die auch Ihre Gäste begeistern werden!
Basilikumwein für die Leidenschaft,
Rosmarinwein für die Liebe,
Hagebuttenlikör zum Verwöhnen,
Melissengeist, gesund und voller Aroma,

Stiefmütterchenlikör - eine geschmackvolle
Aufmerksamkeit nicht nur zum Weihnachtsfest.

Lassen Sie sich von all' meinen köstlichen
Kräuterzubereitungen durch den Tag
begleiten! Ich habe so viele Rezepte für Sie
vorbereitet, die Sie ganz leicht nachkochen
und nachbacken können:
Morgens knusprige, ofenwarme Kräuter-
brötchen mit duftender Lavendelbutter oder
erfrischendem Pfefferminzgelee,
mittags ein herzhaftes Kerbelsüppchen ...
Danach Brennnesselpüree und
Salbeischnitzel, von denen man sagt,
sie seien die delikatesten der Welt!
Alternativ: ein knackiger Salat
„frisch von der Wiese"!
Nachmittags verwöhnt Sie mein
Ringelblumenkuchen mit Orangenlikör, oder
darf es vielleicht ein Zitronenminzeeis sein?
Und abends, beim Wildkräuterauflauf,
dürfen Sie Ihrer Lust auf Kräuter dann
vollends freien Lauf lassen:
Wählen Sie dazu Ihre Favoriten unter den
„Hexenkräutern"!

Giersch, Huflattich, Löwenzahn, Vogelmiere, Rapunzel, Wegwarte, Taubnessel ...
So viele gesunde Köstlichkeiten hält die Natur bereit!
Kandierte Veilchen, „versteckte" Blüten, grüne Chips ... Kochen mit Kräutern kann so lecker und so vielseitig sein!
Spätestens, wenn Sie von meinem Pfefferminz-Schokoladen-Traum gekostet haben, werden Sie mir zustimmen:

„Heilkräuter - ein Genuss!".

Hinweise:

Die vorliegende Rezeptesammlung enthält die Rezepte zahlreicher Kräuterzubereitungen aus meiner Ausstellung „Zaubertrank und Hexenkraut - Alte Heilkräuter neu entdeckt" und darüber hinaus Rezepte weiterer Köstlichkeiten, die das Ausprobieren lohnen. Informationen zu meiner Ausstellung und meinen weiteren Veröffentlichungen finden Sie auf den „Kräuterseiten" meiner Homepage: www.bildung-und-gesundheit.de.

Das 1x1 der Kräuterküche

Der sichere Umgang mit Kräutern

‚Alle Dinge sind Gift und nicht ohne Gift,
allein die Dosis macht's ...'
(Vgl. PARACELSUS, 1493-1541)

An dieser Stelle möchte ich Sie auf die Notwendigkeit eines sicheren und verantwortungsbewussten Umgangs mit Kräutern in der Kräuterküche aufmerksam machen!

Bitte bedenken Sie: Wenn die vorgesehene Zubereitungsmenge des verwendeten Krauts willkürlich überschritten wird oder dessen maximale Verwendungsdauer, können selbst ausgewiesene Heilkräuter die Gesundheit schädigen (vgl. Salbei und Waldmeister); ja, sie könnten sogar krebserregend wirken (vgl. Huflattich)! Außerdem besteht hier und da die Gefahr der Verwechslung eines Küchenkrauts mit einer Giftpflanze (z. B. Bärlauch mit Maiglöckchen)! Und giftige Kräuter haben in der Kräuterküche grundsätzlich nichts zu suchen (vgl. Rittersporn oder Eisenhut, „die giftigste Pflanze Europas"; www.botanikus.de).

Für uns bedeutet das, dass wir jedes Kraut, welches wir in unserer Kräuterküche nutzen wollen, gut kennen müssen!

Das Sammeln und richtige Identifizieren der einzelnen Kräuter erfordert etwas Übung. Ein guter Kräuterratgeber mit vielen Fotos der Pflanzen und mit exakten Beschreibungen leistet dem Anfänger hier gute Dienste (vgl. z. B. SCHERF, 2003 a). An manchen Volks-hochschulen und Bildungswerken etc. werden spezielle Kurse angeboten, die den sicheren Umgang mit den Heilpflanzen lehren (bitte beachten Sie auch meine Homepage: www.bildung-und-gesundheit.de).

Kräuterseminare und Kräuterwanderungen geben Auskunft über die richtigen Anbau und Erntezeiten, über Konservierungsverfahren und Aufbewahrung der Kräuter und auch so manchen hilfreichen Tipp für eine sichere und genussvolle Kräuterküche daheim.

Auf ein paar Dinge möchte ich Sie aber bereits jetzt hinweisen:

Sammeln Sie Kräuter, die unter Naturschutz stehen, nur in Ihrem eigenen Garten, wie Arnika, Schlüsselblume oder Ysop.

Verwenden Sie Kräuter nach Möglichkeit in ihrer natürlichen Saison. In den Rezepten ist dementsprechend vom Frühjahrslöwenzahn etc. die Rede.

Verzichten Sie, wenn es geht, auf Gewächshauspflänzchen, die nicht das Aroma haben können wie die frisch gepflückten Wiesen-, Feld- und Waldkräuter!

Ernten Sie nur die Menge, die Sie auch tatsächlich verbrauchen.

Schonen Sie die einzelne Pflanze und ernten Sie Blüten und Blätter von verschiedenen Pflanzen gleicher Sorte.

Kräuter behalten ihr Aroma länger, wenn Sie erst kurz vor Verwendung geerntet werden, die Lagerzeiten also möglichst kurz sind.

Wenn Sie einzelne Kräuter lagern müssen, denken Sie daran, dass manche Kräuter wie das Basilikum keine Kälte vertragen.

Wenn Sie Kräuter einfrieren wollen, verwenden Sie für klein gehackte Kräuter die Eisschalen Ihres Gefrierschranks, ansonsten die handelsüblichen Gefrierbeutel oder notfalls

auch Aluminiumfolie, in die Sie die verlesenen, gewaschenen und trockenen Kräuter eng einwickeln.
Trocknen Sie Kräuter auf Vorrat. Es wäre schade, wenn Sie bei Bedarf auf „Kaufhausware“ zurückgreifen müssten.

Das Trocknen von Kräutern soll im Schatten erfolgen bei max. 35 °C. Wenn es schnell gehen muss, dann können Sie notfalls Ihre Kräuter auch in der Mikrowelle trocknen. Legen Sie die sauberen, trockenen Kräuter zwischen zwei Lagen Küchenkrepp und trocknen Sie sie dann bei voller Leistung, aber in Intervallen. Nach etwa 4 Minuten sind die Kräuter trocken.

Weitere Hinweise zum Umgang mit Kräutern entnehmen Sie bitte der Literatur oder fragen Sie Kräuterkundige in Ihrer Umgebung.

Bitte beachten Sie:

Diese Rezeptesammlung setzt den sicheren Umgang mit den hier verwendeten Heilpflanzen und Heilkräutern voraus.

Das notwendige Zubehör

Das notwendige Zubehör für die Herstellung der meisten Kräuterzubereitungen haben Sie wahrscheinlich in Ihrer Küche: Kochtöpfe, Plastikschüsseln, Messbecher, Küchenwaage, Küchenmesser, Löffel, Sieb, Kaffeefilter, Trichter ... sind schnell bereitgestellt.

Alle weiteren Zutaten, die Sie in Ihrer Kräuterküche brauchen, bekommen Sie auf dem Wochenmarkt, im gut sortierten Supermarkt, in Apotheke, Reformhaus oder Naturkostladen. Hier erhalten Sie Alkohole für Ihre Kräutergeister, Presssäfte, wenn die Selbstherstellung zu aufwändig wäre, bis hin zu Gewürzen und getrockneten Kräutern, die Sie statt frischer, selbst gesammelter Kräuter oft ebenso gut benutzen können. Bei umfangreicheren Kräuterzusammenstellungen hilft der Apotheker erfahrungsgemäß gern!

Ihr Garten oder auch Kräutertöpfe vom Balkon oder auf der Fensterbank und natürlich die Wiesen, Felder und Wälder um uns herum (Naturschutzbestimmungen beachten!) liefern das frische „Rohmaterial" für unsere „Hexenküche": aromatische Kräuter, frisch gezupfte Blütenblätter, saftige Beeren und Früchte, delikat schmeckende Wurzeln ... Wir nutzen den Duft, den Geschmack, die Farben und die Heilwirkungen vor allem der hiesigen Heilpflanzen und Heilkräuter für Gesundheit und Wohlbefinden. Frische Löwenzahnblätter auf Ihrer Wiese werden auch für Sie bald zu einem kulinarischen Genuss werden. Warten Sie's ab! Und der Giersch im Garten bleibt kein Ärgernis. Gierschsalat schmeckt einfach lecker!

Für das Ansetzen und die Aufbewahrung Ihrer Kräuterzubereitungen leisten fest verschließbare Schraubgläser wie Marmeladengläser, Wein- oder Likörflaschen sowie Piccolo-Fläschchen oder auch Medikamentenflaschen gute Dienste. Wichtig ist nur, dass die Behältnisse tadellos sauber und hygienisch einwandfrei sind.

Was bei den jeweiligen Kräuterzubereitungen sonst noch benötigt wird oder zu beachten ist, finden Sie in den einzelnen Kapiteln angegeben.

Ich wünsche Ihnen viel Spaß mit meinen Rezepten!

Und nicht vergessen:
Übung macht den Meister!

Abkürzungen und was sie bedeuten

In dieser Rezeptesammlung werden folgende Abkürzungen verwendet:

ml = Milliliter
l = Liter (1 l = 100 dl = 1000 ml)
EL = Esslöffel
TL = Teelöffel
Msp. = Messerspitze
g = Gramm
kg = Kilogramm (1 kg = 1000 g)
Eine Hand voll frischer Kräuter = ca. 100 g frische Kräuter
und entspricht in etwa
½ Hand voll getrockneter Kräuter = ca. 50 g getrocknete Kräuter

Heilkräuter - ein Genuss!

Segensreiche Kräutergeister

Kräuterzubereitungen in Traubenwein und Met (Honigwein) haben eine Tradition, die sich bis weit in die vorchristliche Zeit hinein nachweisen lässt.

Was ist Met?

Met ist wahrscheinlich weltweit das älteste alkoholische Getränk (vgl. www.imkerei-mueller.de). Schon bei den alten Germanen war er hoch geschätzt. Basis des Mets ist Bienenhonig, der ursprünglich mit Quellwasser vermengt und dann vergoren wurde. Statt Wasser benutzte man später auch Wein, Most, Bier oder Essig zum Ansetzen. Das Mischungsverhältnis Honig zu Wasser (etc.) beträgt bis heute in der Regel 1:4 bis 1:8. Zum Ansatz können, je nach Rezept, diverse Gewürze, Kräuter oder Pflanzenteile wie Blüten oder Wurzeln hinzugefügt werden. Die Ansatzzeit beträgt meistens mehrere Wochen oder Monate. Je länger der Met danach lagert, desto besser und aromatischer wird er. Heute wird Met gerne als Bestandteil alkoholischer Drinks mit Rum, Wodka oder Sekt weiterverwendet. Weitere Informationen zur Geschichte des Met und diverse Rezepte zu seiner Herstellung finden Sie z. B. auf der Internetseite: www.hexenkueche.de.

Kräuterzubereitungen in hochprozentigen Alkohol gibt es „erst" seit gut 1000 Jahren. An der berühmten naturwissenschaftlichen Hochschule der Stadt Salerno in Süditalien wurde im Jahr 1050 bei der Destillation von Traubenwein der Alkohol entdeckt. (Vgl. FISCHER & FISCHER, 1991, S. 165 ff., sowie GEORGE, 1996, S. 12-16, zur Geschichte des Branntweins).

Was ist Alkohol?

Durch die **Vergärung** von Zucker wird der (Trink-) Alkohol gewonnen. Man nennt ihn auch Äthylalkohol, Feinsprit oder Weingeist. Als Rohstoffe können im Prinzip alle zuckerhaltigen Nahrungsmittel verwendet werden: Weintrauben, Getreide, Mais, Früchte,

Kartoffeln etc. Der Alkoholgehalt des Getränks variiert dementsprechend. Allerdings kann durch Gärung höchstens ein Alkoholgehalt bis 18 **Volumenprozent** (Abk.: Vol.-%) erreicht werden. Man muss anschließend destillieren (evtl. sogar mehrmals), um die Alkoholkonzentration zu erhöhen. Bei der **Destillation** wird der Alkohol in speziellen Vorrichtungen erhitzt. Der hierdurch entstehende Dampf wird aufgefangen und verflüssigt sich bei der Abkühlung wieder. Der so gewonnene reine Alkohol besitzt ca. 96 Volumenprozent. Mit (destilliertem) Wasser lässt er sich auf jede gewünschte Volumenprozentzahl verdünnen. Man nennt ihn fortan Branntwein.

Der Branntwein, das „aqua ardens", galt im Mittelalter als Heilmittel. Seine Herstellung blieb Ärzten, Apothekern und Mönchen vorbehalten, die schon seit Jahrhunderten, und vor allem im Mittelalter, der Zeit der Hochblüte der Klostermedizin, als Experten der Pflanzen- und Kräuterheilkunde galten. Von Salerno aus wurde der Branntwein bis weit über die Grenzen Italiens hinaus exportiert. Und mit ihm verbreitete sich zunehmend auch die Kunst des Destillierens. In vielen Klöstern experimentierten destillierkundige Mönche bald schon mit dem Vergären und Brennen von zuvor zerstoßenen oder gequetschten Früchten, Beeren, Wurzeln und von Blättern heilkräftiger Kräuter. Sie entwickelten ihr eigenes Rezept, ihren eigenen „Klostergeist" oder einen schmackhaften Likör.

Viele bekannte Schnaps- bzw. Likörnamen erinnern uns auch heute noch an diese Jahrhunderte alte Tradition des Schnapsbrennens in den Klöstern: Benediktinerlikör, Klosterfrau Melissengeist, Kartäuserlikör, Karmelitergeist, Chartreuse. Auch das berühmte Duftwasser „4711" geht letztlich zurück auf die „Wunderwasser"-Rezeptur eines Kartäusermönchs und war ursprünglich als Heilmittel gedacht. All' diese segensreichen Kräutergeister werden in der Regel heute nicht mehr von den Klöstern selbst hergestellt. Viele Glaubensgemeinschaften aber lassen ihre Geheimrezepte in Lizenz produzieren.

Dem Privatmann ist das Destillieren von Alkohol ohne Lizenz nicht erlaubt, wohl aber die „Mazeration“ (das Aufweichen) bzw. die „Extraktion“ (das Herausziehen), d. h. der kalte Auszug durch Alkohol: Dazu werden Kräuter bzw. Pflanzenteile in Alkohol angesetzt, im Dunkeln, im Hellen oder direkt in der Sonne platziert, gerührt, geschüttelt und sofort, nach Tagen oder erst nach Wochen abgeseiht und ggf. weiterverarbeitet, z. B. zu Likör (vgl. GEORGE, 1996, S. 39 ff.).

Kräuterweine, Kräuterliköre und Kräuterschnäpse lassen sich in jedem standardmäßig eingerichteten Haushalt gut selbst herstellen. Ihre Herstellung kann sich zu einem Hobby, zu einer Leidenschaft entwickeln. Dabei faszinieren nicht nur das intensive Aroma der eigenen Kreationen und deren wohltuende Wirkung auf Körper und Seele, sondern auch die zarten bis kräftigen Farben, die Beeren und Kräuter an den Alkohol abgeben. Selbst hergestellte Kräuterweine, Kräuterliköre und Kräuterschnäpse sind zudem schöne Mitbringsel und Geschenke, die Bewunderung finden und Freude bereiten.

Rezepte zur Herstellung von Kräuterweinen

Frischer pflanzlicher Wein ist Stärkungsmittel und Heilmittel zugleich. Im Allgemeinen wird eine Hand voll frischer oder meist nur eine halbe Hand voll getrockneter Kräuter während 8 Tagen in guten Weiß- oder Rotwein oder in Malaga eingelegt. Nach Absieben wird der Wein in Flaschen abgefüllt, die dann kühl und dunkel aufbewahrt werden. Üblicherweise nimmt man bis zu dreimal täglich ein (Schnaps-) Gläschen zu sich.

Kräuterweine lassen sich aus zahlreichen Heilpflanzen herstellen. Geeignet sind Angelikawurzel, Baldrian und Bärlauch genauso wie Kamille, Lavendel und Melisse bis hin zu Johanniskraut, Schafgarbe und Salbei. Viele schöne Rezepte finden sich bei COLDITZ (1996) und bei HIRSCH (2000).

Nachfolgend finden Sie eine kleine Auswahl köstlicher Kräuterweine. Ihre Herstellung ist manchmal aufwändig, oft aber denkbar einfach und trotzdem ausgesprochen lohnenswert. Neben dem Geschmack sei auch noch einmal an die Heilwirkung dieser Kräuterweine erinnert.

Alle Mengenangaben in den nachfolgenden Rezepten beziehen sich auf die Herstellung von 0,7-1 l Kräuterwein, es sei denn, es ist etwas anderes angegeben.

Zubereitungstipps:

Seien Sie kreativ! Variieren Sie Ihren Kräuterwein durch Zugabe von Gewürzen wie Anis, Fenchel, Ingwer, Kümmel, Nelken, Pimentkörner, Vanille oder Zimt.
Auch der Saft von Zitronen oder Orangen kann den Geschmack abrunden.
Gerne dürfen Sie Ihren Kräuterwein auch mit Honig versetzen.

Variieren Sie Ihr Standardrezept mit kleinen Abfüllungen von 100-150 ml (Piccolo-Fläschchen verwenden!), bis Sie Ihr Lieblingsrezept gefunden haben!

Basilikum-Rotwein

Hierfür benötigen Sie folgende Zutaten:

700 ml Rotwein
4 Hand voll fein gehackter Basilikumblätter
1TL Zimt
1-3 TL Ingwerpulver

Geben Sie Kräuter und Gewürze in den Rotwein und lassen Sie die Mischung gut 14 Tage ziehen. Nach dem Abseihen dürfen Sie ihn unverdünnt genießen.

Basilikum-Rotwein gilt als „Wein der Leidenschaft"!

Zubereitungstipp:

Wenn Sie das Besondere lieben, füllen Sie vor dem Genuss 1/3 des Weins mit 2/3 Champagner auf.

Hagebuttenwein

Hagebuttenwein hilft bei leichten Blasenbeschwerden und ergänzt zudem unseren täglichen Vitamin C-Bedarf. Die Zubereitung wie beim Hagebuttenweißwein beschrieben ist aufwändig. Manche Liebhaber dieses Weins ersparen sich das Entkernen der Früchte (siehe Hagebuttenrotwein) und sind mit ihrem Produkt dennoch voll zufrieden. Probieren Sie aus, ob Sie einen Unterschied im Ergebnis feststellen. So oder so: Hagebuttenwein schmeckt einfach köstlich! Vom Hagebuttenwein trinkt man traditionell ein Gläschen täglich.

Tipp:

Gewöhnlich werden Hagebutten nach dem ersten Frost geerntet. Ungeduldige können sich aber ruhig früher ans Werk machen und ihrer Ernte ein kurzes Intermezzo in ihrer Tiefkühltruhe gönnen. So erhalten auch diese Hagebutten den geschmacksverbessernden „ersten Frost".

Hagebuttenweißwein

Zur Herstellung des Hagebuttenweißweins
benötigen Sie:

1 l vollreife, halbierte und entkernte
Hagebutten
500 g Zucker
3 l Weißwein

Sammeln Sie reichlich Hagebutten, so dass ein 1-Liter-Gefäß randvoll mit den halbierten und entkernten Hagebutten gefüllt werden kann. Vor dem Halbieren müssen die Hagebutten natürlich gesäubert werden. Entkernen Sie die Hagebutten mit einem Schälmesser.
Bei empfindlichen Menschen kann das Entkernen Juckreiz auslösen!
Die entkernten Hagebutten werden nun zerquetscht und in ein großes Gefäß gegeben, welches gut 3-4 l fasst. Das kann z. B. eine Glasbowle sein oder ein Rumtopf. Vermeiden Sie Metalltöpfe. Nehmen Sie also keinen Kochtopf. Heben Sie rund 500 g Zucker unter

die Masse. Dann geben Sie 3 l trockenen Weißwein hinzu und rühren hin und wieder kräftig um. Der Zucker soll sich nach und nach auflösen. Die Mischung lassen Sie 1 Woche lang zugedeckt bzw. verschlossen am Warmen stehen, bevor sie filtriert wird. Filtrieren Sie am besten traditionell durch ein Baumwoll- oder Leinentuch, das Sie zwischen die Beine eines umgedrehten Hockers oder Stuhls gespannt haben. Eine darunter stehende Schüssel fängt den Wein auf. Nach dem Durchlaufen können Sie das Tuch abnehmen und die in der Hagebuttenmasse noch verbliebene Flüssigkeit auswringen. Verschwenden Sie keinen Tropfen dieses köstlichen Gebräus!

Nun endlich dürfen Sie Ihren Hagebuttenwein in dekorative Flaschen abfüllen und probieren!

Hagebuttenrotwein

Hagebuttenrotwein lässt sich einfacher herstellen.

Dazu benötigen Sie:

100 g getrocknete, halbierte Hagebutten
1 l Rotwein

Nachdem Sie die Hagebutten gesäubert und halbiert haben, geben Sie die Früchte in den Rotwein. Den Ansatz lassen Sie nun 2 Wochen ziehen, seihen danach ab, wie bereits oben beschrieben, und genießen!

Kamillenwein

Kamillenwein empfiehlt sich bei Magenbeschwerden. Man trinkt traditionell ein Gläschen vor dem Mittagessen.

Zur Herstellung benötigen Sie:

20 g Kamillenblüten
bis zu 20 Stück Würfelzucker
1 l Weißwein

Geben Sie die Kamillenblüten, den Zucker und den Wein in ein sauberes, verschließbares Gefäß. Die Mischung lassen Sie 1 Monat fest verschlossen an einem warmen Ort ziehen. Damit sich der Zucker auflöst, sollten Sie den Ansatz ab und zu schütteln.
Bereits nach 8 Tagen darf probiert werden. Sobald die Flüssigkeit dem eigenen Geschmack entspricht, kann sie durchgeseiht werden. Je länger Sie den Wein danach in fest verschlossenen Flaschen im Kühlen (im Keller z. B.) stehen lassen, desto besser. Kenner wissen:

So mancher „vergessene", z. T. erst nach Jahren wieder entdeckte Kräuterwein schmeckt unübertroffen köstlich!

Tipps:

Wer es nicht so süß mag, kann den Zucker ebenso gut reduzieren oder ganz weglassen.

Getrocknete Kamillenblüten bekommen Sie zu jeder Jahreszeit in der Apotheke.
Am aromatischsten sollen die Blüten der ägyptischen Kamille schmecken. Fragen Sie Ihren Apotheker danach. Natürlich können Sie das Rezept auch mit selbst gesammelten Blütenköpfchen der hiesigen 'Echten Kamille' ausprobieren.

Lavendelwein

HILDEGARD VON BINGEN empfahl Lavendelwein u. a. gegen Konzentrationsschwäche. Dazu trinkt man traditionell ein Gläschen nach der Hauptmahlzeit.

Als Zutaten sind überliefert:

1 EL Lavendelblüten
0,5 l Weißwein

Die frisch gezupften Lavendelblüten werden in dem Weißwein kurz aufgekocht. Stehen keine frischen Blüten zur Verfügung greifen Sie ruhig auf Lavendelblüten aus der Apotheke zurück. Nach dem Aufkochen nehmen Sie den Topf vom Herd und lassen die Mischung zugedeckt (!) abkühlen.
Danach können Sie durch ein Teesieb abseihen und den Wein z. B. in Piccolo-Fläschchen abfüllen, die Sie kühl und dunkel bis zu 4 Wochen aufbewahren können.

Tipp:

Wenn Sie dem Lavendelwein noch vor dem Aufkochen 1 EL Honig hinzufügen und ein Gläschen von diesem Gebräu noch warm trinken, erhalten Sie einen herrlichen Schlummertrunk. Man sagt, dieser Wein verhelfe zu „gesunden Träumen". Er soll gegen seelische Schmerzen und Depressionen wirken und „den Geist klären".

Lavendelzauber

Lavendel galt im Mittelalter als „Muttergotteskraut": Es sollte „unkeusche Gelüste" beseitigen. Heute spricht man Lavendel gerne eine entgegengesetzte Wirkung zu: Eine mit Lavendel beduftete Haut soll die Liebe anziehen!

Löwenzahnwein

Folgende Zutaten benötigen Sie:

40-60 g frisch gepflückte
Löwenzahnblütenblätter
0,7 l Weißwein

Vor der Verwendung sollten die Blütenköpfe kurz unter fließendem Wasser abgewaschen und danach zum Trocknen auf ein Küchentuch ausgelegt werden. Zusätzlich können Sie die Blüten vorsichtig mit Kreppttüchern abtupfen. Vor der Weiterverwendung sollten die Blütenblätter trocken sein.
Zupfen Sie die Blütenblätter behutsam ab. Geben Sie die abgezupften Blütenblätter in ein 1-Liter-Gefäß, das Sie mit dem Weißwein auffüllen. Stellen Sie das verschlossene Gefäß an einen kühlen, dunklen Ort, z. B. in den Keller. Nach 2 Tagen abseihen und schon dürfen Sie Ihren Löwenzahnwein genießen!

Er soll die Leber- und Nierentätigkeit anregen!

Rosmarinwein

Rosmarinwein wird traditionell zur Kräftigung empfohlen und deshalb auch von älteren Menschen gerne getrunken. Zwei Gläschen pro Tag sind „erlaubt".

Rosmarin selbst wirkt harntreibend, krampflösend, magenstärkend und antiseptisch.

Innerlich darf Rosmarin nicht während der Schwangerschaft eingenommen werden!

Als Zutaten benötigen Sie:

20 g Rosmarinblätter
0,7 l Weißwein

Die gesäuberten Rosmarinblätter werden in einer Flasche Weißwein angesetzt. Lassen Sie die Mischung eine Woche ziehen und seihen dann ab, z. B. indem Sie den Rosmarinwein durch einen eigens für Ihre Kräutergeister bereitgestellten (Kaffee-) Filter mit Papierfiltertüte laufen lassen. Danach abfüllen, fertig!

Hinweis:

Wer einen intensiveren Geschmack bevorzugt, kann den Wein auch mit der dreifachen Menge Rosmarin ansetzen!

Magischer Rosmarin

Seit dem Altertum gilt Rosmarin als Liebespflanze: Rosmarinwein trinken bedeutet demnach so viel wie: „Eine Liebelei haben". Rosmarin gilt auch heute noch als Pflanze der Liebe und der Treue. Seine Beinamen sind Hochzeitsblume und Brautkraut.

Salbeiwein

Salbeiwein soll (z. B. im Klimakterium) gegen übermäßiges Schwitzen helfen, gegen Nachtschweiß und gegen Fußschweiß. Traditionell trinkt man Salbeiwein (schnaps-) gläschenweise.

Während Schwangerschaft und Stillzeit sollte man allerdings auf Salbei und Salbeizubereitungen gänzlich verzichten.

Zur Herstellung benötigen Sie:

1 Hand voll Salbeiblätter
0,7 l Weißwein

Die frisch gepflückten Salbeiblätter werden gesäubert und im Weißwein angesetzt. Stehen keine frischen Blätter zur Verfügung, greifen Sie auf Salbeitee aus der Apotheke zurück. Nach 10 Tagen darf abgeseiht werden.

Zubereitungstipps:

Alternativ kann man dieselbe Menge Salbei in Weißwein ansetzen, wobei diese Mischung dann im Kochtopf erhitzt, aber nicht gekocht wird. Nach dem Abseihen kann dann sofort genossen werden.

Salbeiwein kann auch mit Gewürzen angesetzt werden. Probieren Sie's doch einmal aus! Angelikawurzel, Gewürznelke, Ingwer und Zimt sind geeignet.

Wer es süß mag: 1 TL Honig zum Ansatz dazugeben!

Rezepte zur Herstellung von Kräuterlikören und Kräuterschnäpsen

Kräuterliköre regen vor den Hauptmahlzeiten getrunken den Appetit an und helfen zudem bei Verdauungsbeschwerden. Oftmals genügen bereits ein paar Tropfen auf ein Stückchen Würfelzucker oder ein Teelöffel voll in dampfendem Tee, um die Heilkraft des Kräuterauszugs freizusetzen.

Allseits bekannt sind sicher der Enzianlikör, der Kümmelschnaps oder der Schwedenbitter. Das Rezept für den Schwedenbitter finden Sie ebenfalls in dieser Rezeptesammlung.

Als Ausgangsprodukt Ihres selbst gemachten Kräuterlikörs oder Kräuterschnapses wählen Sie einen Alkohol mit einem Alkoholgehalt von mindestens 38-40 %. Das garantiert die lange Haltbarkeit Ihres edlen Kräutertropfens. Geeignet sind dementsprechend Alkohol aus der Apotheke, genauso gut wie Doppelkorn und Obstbrände aus Äpfeln und Birnen, des

Weiteren Gin, Grappa, Whisky, Wodka, Cognac, Weinbrand oder Rum. Nur in Ausnahmefällen sind sog. Edelbrände geeignet wie Pflaumen- oder Kirschlikör aufgrund ihres starken Eigengeschmacks. Aus gleichem Grund sollten Sie auch auf bereits „fertige“ Kräuterliköre verzichten: Der Bénédictine, der Chartreuse oder der Galliano sollen aus etwa 30, 130 bzw. 70 verschiedenen Kräutern und Gewürzen bestehen und teilweise einen sehr würzigen bis „eigenwilligen“ Geschmack haben.

Wählen Sie also lieber neutral schmeckende Alkohole, die Sie ggf. mit anderen mischen können, um Ihrem „Kräutergeist“ eine ganz individuelle Note zu geben. Die Mischung aus Korn und Rum im Verhältnis 1:1 hat sich als sehr schmackhaft erwiesen! Unten genannte alphabetisch geordnete Rezepte basieren, wenn nicht anders angegeben, auf Doppelkorn-Basis.

Die angegebenen Mengen ermöglichen die Herstellung von jeweils 0,5-1 l „Kräutergeist“ (evtl. plus Zuckerlösung für die Likörzubereitung). Abweichendes ist angegeben.

Was ist eine Zuckerlösung?

Für die Herstellung von Likören wird hin und wieder eine Zuckerlösung benötigt. In den Rezepten finden Sie dann z. B. den Hinweis:

„Für die Zuckerlösung benötigen Sie:

500 g Zucker
500 ml Wasser“.

Diese Zuckerlösung stellen Sie wie folgt her:

Die jeweils angegebene Menge Zucker (hier: 500 g) wird in der jeweils genannten Menge Wasser (hier: 500 ml) aufgelöst. Die Mengenangaben variieren von Rezept zu Rezept! Auch wird hier und da Kandis oder Rohrzucker etc. statt des weißen Raffinade-Zuckers verwendet. Anschließend wird die Zucker-Wasser-Mischung unter Rühren kurz aufgekocht. Danach lässt man sie wieder auskühlen. Nun kann die Zuckerlösung zum Ansatz gegeben werden.

Anis-Verdauungslikör

Die Kräuter in diesem Likör wirken blähungswidrig und machen diesen „Kräutergeist“ zu einer Wohltat nach zu fettem Essen.

Sie benötigen:

Je 30 g der angestoßenen Früchte von
Anis, Fenchel und Kümmel
2-3 Blätter Pfefferminze
0,7 l Alkohol
100 g Zucker (Würfelzucker, weißer Kandis)

Geben Sie alle Zutaten in eine genügend große Flasche und lassen Sie den Ansatz gut 3-4 Wochen an einem warmen Ort ziehen.
Hin und wieder schütteln, bis sich der Zucker vollständig aufgelöst hat. Nach dem Abfiltrieren füllen Sie den Likör in Flaschen.

Basilikumgeist

Als hervorragender Aperitif eignet sich Basilikumgeist. Er beruhigt Magen und Nerven und wirkt appetitanregend. Nach dem Essen oder abends getrunken wirkt er angenehm schlaffördernd.

Die Herstellung ist einfach.

Sie nehmen:

1 gute Hand voll frischer Basilikumblätter
(etwa 20 Stück)
0,5-0,7 l Ansatzkorn
die dünn abgeschälte Schale einer
ungespritzten Zitrone

Geben Sie die Basilikumblätter in ein weithalsiges Gefäß, damit Sie sie später problemlos wieder entfernen können.
Füllen Sie mit dem Alkohol auf.
In das Gemisch geben Sie die Zitronenschale.

Die Flasche nun gut verschließen und mehrere Wochen warm und dunkel stellen. Anschließend filtrieren Sie und bewahren Ihren Basilikumgeist in kleineren, dunklen Fläschchen auf. Die fertige Zubereitung lassen Sie noch einmal 2-3 Wochen kühl stehen, bevor Sie sie dann teelöffelweise genießen dürfen.

Haben Sie das gewusst?

Eine gut sortierte Kräutergärtnerei hält gut 50 verschiedene Basilikumsorten für Sie bereit! „Moderne" Basilikumsorten duften nach „Anis bis Zimt" und heißen dementsprechend Anisbasilikum, Gewürzbasilikum, Kampferbasilikum, Limettenbasilikum, Zitronenbasilikum, Zimtbasilikum ...

5-Kräuter-Likör

Dieser Likör enthält eine Kräutermischung, die gerne zum Entgiften und Entschlacken eingesetzt wird. Tausendgüldenkraut wirkt appetitanregend, hilft gegen Sodbrennen und Völlegefühl. Rhabarberwurzel unterstützt die Verdauung. Wacholderbeeren wirken entwässernd.

Sie nehmen folgende Zutaten:

75 g Tausendgüldenkraut
90 g Rhabarberwurzel
50 g Wacholderbeeren
20 g Schafgarbenkraut und
10 g Wermutkraut
sowie
1,5 l Alkohol (z. B. Korn)

Für die Zuckerlösung:

500 g Zucker
500 ml Wasser

Lassen Sie sich die Kräutermischung am besten vom Apotheker zusammenstellen. Diese Mischung wird mit dem Alkohol übergossen und in einem verschlossenen Glasgefäß an einem warmen Ort stehen gelassen. Nach 3-7 Tagen fügen Sie die abgekühlte Zuckerlösung hinzu. Die Mischung lassen Sie nun noch einmal mindestens eine Woche ziehen. Dabei tägliches Schütteln nicht vergessen. Anschließend wird der Likör abfiltriert, z. B. durch ein Tuch oder durch eine Papierfiltertüte und in Flaschen gefüllt.

Man genießt ihn schnapsgläschenweise.

Hagebuttenlikör

Hagebuttenlikör unterstützt die Grippeabwehr.

Als Zutaten benötigen Sie:

1 kg gesäuberte, halbierte Hagebutten
500 g Kandiszucker
3 l Obstbrand

Nach dem ersten Frost (bzw. überlistet: nach einem Kurzaufenthalt in der Gefriertruhe; s. o.) werden die halbierten Hagebutten mit dem Kandis in dem Obstbrand angesetzt. Der Ansatz muss nun 10 Tage im Warmen stehen. Danach filtrieren Sie ihn und füllen ihn in kleinere Flaschen ab. Je länger der Likör danach lagert, desto besser entwickeln sich sein Aroma und sein Geschmack!

Zubereitungstipp:

Verwenden Sie Wodka statt Obstbrand!

Ingwerlikör

Dieser Likör gilt als „Rachenputzer"
bei Erkältungskrankheiten und Grippe.
Ein höherer Alkoholgehalt (über 32 %)
verstärkt diesen Eindruck!
Zunächst das Grundrezept (sehr süß).

Hier werden folgende Zutaten gebraucht:

50 g geschälter, in ca. 1 cm große Stücke
geschnittener frischer Ingwer
0,5 l Apfelsaft
200 g Zucker (Kandis)
2 Nelken und
½ TL Pimentkörner
0,5 l Alkohol (Korn, Doppelkorn)

Bei der weniger süßen Variation verwendet man statt 200 g Zucker nur 100 g Zucker und 2 TL Waldhonig und statt der Pimentkörner eine Msp. geriebene Schale einer unbehandelten Zitrone. Ansonsten verfährt man wie im Grundrezept.

Lassen Sie alle Zutaten bis auf den Alkohol zusammen aufkochen. Erst nach dem Abkühlen geben Sie den Korn oder Doppelkorn dazu. In einer hellen Flasche lassen Sie diese Mischung an einem hellen, warmen Ort ca. 2-3 Wochen ziehen. Dabei ab und zu die Flasche schütteln! Schließlich filtrieren Sie, z. B. indem Sie den Likör durch eine Papierfiltertüte gießen. Danach füllen Sie den Likör in kleinere Flaschen ab.

Zubereitungstipp:

Ingwerlikör lässt sich durch Zugabe von Aprikosenbrand verfeinern.

Johanniskrautlikör

Ein Gläschen Johanniskrautlikör vor dem Essen getrunken wirkt ebenfalls anregend auf Verdauungsorgane und Galle.

Traditionell wird Johanniskraut erfolgreich gegen Depressionen eingesetzt.

Zur Herstellung benötigen Sie:

40-60 g getrocknete Johanniskrautblüten
1 klein geschnittene unbehandelte Zitrone samt Schale
1 l Branntwein bzw. Doppelkorn
80 g Zucker oder 100 g Bienenhonig

Sammeln Sie Johanniskrautblüten auf Vorrat, denn die Blüten des Johanniskrauts sind nicht in der Apotheke erhältlich, nur das gesamte Kraut (z. B. als Tee). Geben Sie alle Zutaten bis auf den Zucker in ein Gefäß und lassen Sie diese Mischung gut eine Woche in der Sonne oder in der Wärme ziehen. Anschließend filtrieren Sie. Danach fügen Sie den Zucker bzw. den Honig hinzu und schütteln den Ansatz während der nächsten 1-2 Tage immer einmal wieder, bis sich der Zucker bzw. der Honig aufgelöst hat.

Zubereitungstipp:

Verwenden Sie doch einmal Wodka statt eines Klaren!

Hinweis:

Johanniskrautzubereitungen sind nicht anzuwenden bei bekannter Lichtüberempfindlichkeit!

Kümmelschnaps

Kümmelschnaps wird gerne nach dem Essen getrunken. Ein Likörglas hiervon entfaltet vor allem nach blähenden Speisen seine wohltuende Wirkung.

Zur Herstellung benötigen Sie:

50 g zerstoßene Kümmelsamen
750 ml Doppelkorn

Übergießen Sie die zerstoßenen Kümmelsamen mit dem Doppelkorn. Diese Mischung lassen Sie 10 Tage am Warmen stehen. Danach zuerst durch ein Teesieb grob abseihen, und dann filtrieren Sie noch einmal durch eine Papierfiltertüte. Nun können Sie abfüllen oder aber den Schnaps zu **Kümmellikör** weiterverarbeiten, indem Sie noch einmal etwa 100 g Zucker oder braunen Kandis darin auflösen.

Löwenzahnschnaps

Auch der Löwenzahnschnaps ist ein Verdauungsschnaps und hilft nach dem Essen bei Blähungen und Sodbrennen. Er sollte nach der Fertigstellung 2-3 Monate im kühlen Keller stehen. Erst dann entfaltet sich sein volles Aroma!

Löwenzahn hilft bei Störungen im Bereich Galle und Magen-Darm, darf aber bei Entzündungen oder Verschluss der Gallenwege sowie bei Darmverschluss nicht angewandt werden.

Für die Herstellung werden benötigt:

100 g voll aufgeblühte Löwenzahnblüten
(Sie benötigen 30 bis 50 Stück, je nach Größe)
1 unbehandelte Zitrone samt Schale
Saft von 1 Zitrone
700 ml Doppelkorn oder Wodka,
gerne auch gemischt

Für die Zuckerlösung:

150 g Zucker
100 ml Wasser

Die frisch gepflückten Löwenzahnblüten werden gewaschen und kopfüber auf Küchenkrepp getrocknet. Die Blüten dürfen nicht mehr feucht sein, wenn der Ansatz bereitet wird. Entfernen Sie nun die grünen Kelchblätter, denn sie würden den Ansatz bitter schmecken lassen. Geben Sie die Blütenköpfchen oder - ganz fein - nur die gelben Blütenblätter in ein Ansatzgefäß und fügen Sie die Zuckerlösung sowie die unbehandelte Zitrone hinzu, die Sie zuvor samt Schale in kleine Stücke schneiden. Dann pressen Sie 1 weitere Zitrone aus und fügen den Saft dem Ansatz hinzu. Diesen Ansatz lassen Sie nun in einem verschlossenen Gefäß eine Woche warm stehen. Danach fügen Sie den Alkohol hinzu. Den gesamten Ansatz füllen Sie in eine saubere Flasche. In dieser ruht der Likör 2-3 Monate lang. Dann beginnt sein aromatischer Genuss!

Melissengeist

Melissengeist wird traditionell innerlich wie äußerlich angewandt. Innerlich fördert er die Gallensekretion und Verdauung und löst Krämpfe. Er hilft innerlich außerdem bei körperlicher und geistiger Müdigkeit. Äußerlich als Einreibung vertreibt er Muskelkater und kühlt angenehm bei Verstauchungen und kleineren Sportverletzungen.

Zur Zubereitung benötigen Sie:

2 Hand voll Melissenblätter
2 ungespritzte Orangen
3 ungespritzte Zitronen
1 TL Fenchel
1 TL Anis
1 TL Kümmel
125 ml Weingeist oder 0,5 l Ansatzkorn

Für die Zuckerlösung:
500 g Zucker
500 ml Wasser

Die frischen Melissenblätter werden gewaschen. Danach abtropfen lassen; ggf. mit Krepppapier leicht abtupfen. Geben Sie die getrockneten Melissenblätter in ein Gefäß mit breiter Öffnung, so dass Sie sie später problemlos wieder entfernen können. Die ungespritzten Schalen der Orangen und Zitronen abreiben und hinzugeben, ebenso die angestoßenen Gewürze. Gießen Sie die Mischung mit dem Alkohol auf. Das Gefäß wird gut verschlossen für mehrere Wochen warm gestellt. Danach stellen Sie die Zuckerlösung her und fügen diese dem Ansatz hinzu. Abschließend schütteln Sie alles noch einmal gut durch, filtrieren und können dann in Flaschen abfüllen. Flaschen einige Wochen kühl lagern bevor Sie Ihren Melissengeist genießen!

Haben Sie das gewusst?

Die Geschichte vom „Melissengeist" lässt sich bis in das 17. Jh. zurückverfolgen: In einem französischen Karmeliterkloster war er schon 1611 als Geheimrezeptur bekannt. Er wurde als Heilmittel wie auch als Parfüm benutzt.

Pfefferminzlikör

Pfefferminzlikör wirkt bei Magen- und Darmbeschwerden wie Blähungen sowie bei Kopfschmerz und nervösen Störungen.

Sie benötigen:

3-4 ganze Pfefferminzzweige mit Blüten
1 l Ansatzkorn (oder Gin)
einige Blätter Zitronenmelisse oder
einige Gewürznelkenköpfe (etwa 10 Stück)

Für die Zuckerlösung:

300 g Kandiszucker
300 ml Wasser

Stecken Sie die Pfefferminzzweige samt Blüten mit dem Kopf nach unten in ein Gefäß mit weiter Öffnung. Dann übergießen Sie die Zweige mit dem Alkohol.

Wenn Sie möchten, können Sie den Ansatz ganz nach persönlichem Geschmack mit einigen Blättern Zitronenmelisse oder mit Gewürznelken versetzen. Gefäß gut verschließen und 2 Monate an einen warmen Ort stellen. Erst danach stellen Sie die Zuckerlösung her. Bevor Sie die Zuckerlösung zum Ansatz geben, entfernen Sie die Minzezweige. Abschließend schütteln Sie den fertigen Pfefferminzlikör gut durch, lassen die Mischung noch einmal kurz ziehen, filtrieren und füllen ab.

Zubereitungstipps:

In manchen Rezepten wird der Kandis direkt zum Ansatz gegeben. Auf die Zugabe von Wasser wird dann gänzlich verzichtet.

Alternative: Verwenden Sie statt Kandis doch einmal Zuckersirup (etwa 150-200 ml).

Als Gewürzzugaben eignen sich auch Koriander(1 EL) oder Muskatblüten (3 Stück).

Rosmaringeist und Rosmarinlikör

Ähnlich wie der schon beschriebene Rosmarinwein wirkt auch der Rosmarinlikör unterstützend auf den Kreislauf. Ohne Zuckerzusatz kann er auch äußerlich angewandt werden („Rosmaringeist").

Rosmarin selbst wirkt harntreibend, krampflösend, magenstärkend und antiseptisch. Innerlich darf Rosmarin nicht während der Schwangerschaft eingenommen werden!

Für den **Rosmaringeist**, den Sie auch äußerlich anwenden können, benötigen Sie folgende Zutaten:

2 Hand voll frisch gezupfter Rosmarinblätter
1 l Ansatzkorn (oder Cognac)

Geben Sie die Rosmarinblätter in ein Glasgefäß, fügen Sie den Alkohol hinzu und lassen Sie die Mischung gut verschlossen mehrere Wochen an einem warmen Ort ziehen.

Dann stellen Sie ihn weitere 4 Wochen kühl
und können danach filtrieren.

Für die Weiterverarbeitung zum Likör,
den Sie ausschließlich innerlich
verwenden, wird anschließend
eine Zuckerlösung hergestellt .

Dazu benötigen Sie zusätzlich:

300 g Kandis
300 ml Wasser

Geben Sie die Zuckerlösung zum Ansatz.
Vor Gebrauch sollten Sie den Rosmarinlikör
mehrere Wochen ruhen lassen.

Salbeilikör

Salbei wirkt entzündungshemmend,
krampflösend, magenstärkend,
auswurffördernd, schweißhemmend.

Zur Zubereitung des Salbeilikörs benötigen Sie:

2 Hand voll Salbeiblätter
einige Pfefferminzblätter
1 l Ansatzkorn

Für die Zuckerlösung:

150 g Zucker
500 ml Wasser

Geben Sie die Salbeiblätter in ein Ansatzgefäß.
Um den strengen Geschmack des Salbeis zu lindern, können einige Pfefferminzblätter hinzugegeben werden.
Mit dem Ansatzkorn füllen Sie auf.

Das Gefäß sollten Sie gut verschließen und dann 2 Wochen an einen warmen Ort stellen. Danach filtrieren Sie und stellen die Zuckerlösung her, die Sie zum Ansatz geben. Den fertigen Likör lassen Sie nochmals mehrere Wochen ziehen.

Hinweise:

Salbeilikör darf, wie alle Salbeizubereitungen, nicht während der Schwangerschaft und Stillzeit verwendet werden!

Salbei in "hoher" Dosierung kann wegen des Thujon-Gehaltes zu Vergiftungserscheinungen führen. Halten Sie sich deswegen stets an die vorgegebenen Zubereitungsmengen. Aus gleichem Grund sollten Sie alle Salbeiprodukte nur kurzfristig benutzen. Bei längerfristigem Gebrauch kann Salbei Leberschäden verursachen.

Schwedenbitter

Das Rezept für den Schwedenbitter, anzuwenden bei Unpässlichkeiten aller Art, wurde nach dem Tod des berühmten schwedischen Arztes Dr. SAMST in seinem Nachlass gefunden. Die österreichische Kräuterkundige MARIA TREBEN verhalf diesem „Lebenselexir“ zu seinem internationalen Erfolg.

Unter dem Namen „Schwedenkräuter“ ist die nachfolgende Kräutermischung des Dr. SAMST bekannt geworden:

10 g Aloe
5 g Myrrhe
0,2 g Safran
10 g Sennesblätter
10 g Kampfer
10 g Rhabarberwurzel
10 g Zitwerwurzel
10 g Manna
10 g Theriak venezian
5 g Angelikawurzel

Zur Herstellung des Schwedenbitters
brauchen Sie ferner:

1,5 l Korn- oder Obstbranntwein, 38-40 %

Die Kräutermischung erhalten Sie in der Apotheke. Die Schwedenkräuter setzen Sie mit dem Alkohol in einer breithalsigen 2-Liter-Flasche an und lassen die Mischung 14 Tage in der Sonne oder am Warmen stehen. Täglich wird nun geschüttelt, ebenso vor dem Abseihen in kleine Flaschen und vor dem Gebrauch. Bewahren Sie Ihren Schwedenbitter kühl auf.

Hinweise:

Schwedenbitter ist viele Jahre haltbar. Man sagt, je länger er steht, desto wirksamer ist er! Traditionell nimmt man vom Schwedenbitter 3x täglich einen Teelöffel in Wasser oder Tee, nie pur. Doch Vorsicht: Erfahrungsgemäß wirkt dieser Likör durchschlagend abführend, was an dem hohen Aloeanteil liegen soll!

Stiefmütterchenlikör

Dieser Likör aus den Blütenblättern
des wilden Stiefmütterchens ist ein schönes
und ungewöhnliches Mitbringsel.
Im Sommer hergestellt ist er nach Monaten
des Reifens ein ideales Weihnachtsgeschenk!

Vermischen Sie folgende Zutaten:

250 g Stiefmütterchenblütenblätter
½ l warmes Wasser
¾ l Wodka oder alternativ:
½ l Korn, ¼ l Rum
(300-) 400 g Kandis
1 Zimtstange
1 Vanilleschote
1 Tl frischer, kleingehackter Ingwer
3 Gewürznelken

Lassen Sie die Blütenblätter in einer
Glasschüssel mit dem warmen Wasser bedeckt
2 Tage lang ziehen. Danach filtern Sie durch
ein feines Tuch und geben die restlichen

Zutaten dazu. Füllen Sie den Ansatz in eine genügend große, verschließbare Glasflasche und stellen Sie diese auf eine sonnige Fensterbank. Nach ca. 1 Monat filtern Sie abermals und füllen Ihren köstlichen Likör in kleinere Flaschen ab. Im Keller sollte er nun noch einige Zeit reifen - je länger, desto besser!

Pflanzenzauber

Stiefmütterchen gelten traditionell als
die Blumen derjenigen,
deren Herz einer Heilung bedarf.
Aus dem wilden Stiefmütterchen lässt sich
dem entsprechend ein Zaubertrank
gegen Liebeskummer bereiten:
„Der Mann, den du begehrst, wird der deine,
wenn du seine Augenlider
mit diesem Trank beträufelst.“

Thymianlikör

Thymianlikör soll die Nerven kräftigen.

Das Kraut selbst wirkt krampflösend, magen- und nervenstärkend, schleimlösend und auswurffördernd.

Als Zutaten benötigen Sie:

1 Hand voll Blütenköpfchen
1 l Ansatzkorn

Für die Zuckerlösung nehmen Sie:

max. 250 g Zucker
max. 250 ml Wasser

Sammeln Sie fleißig die Blütenköpfchen Ihres Gartenthymians. Es dauert lange, bis Sie eine Hand voll dieser kleinen Blütchen zusammenhaben. Ggf. stellen Sie kleinere Portionen her!

Zur Zubereitung werden die Blütenköpfchen in den Ansatzkorn gegeben und mehrere Wochen an einen warmen Ort gestellt, aber nicht in die direkte Sonne. Nach Ihrem persönlichen Geschmack können Sie den Ansatz mit einer Zuckerlösung versetzen. Dann füllen Sie den Likör in Flaschen ab und lagern ihn noch einmal 1-2 Monate im Keller.

Haben Sie das gewusst?

Thymianlikör wird traditionell auf der Mittelmeerinsel Ibiza getrunken.
Er heißt dort „Frigola“.

Wermutgeist

Dieser Aufgesetzte hilft bei Magenbeschwerden und Verdauungsstörungen, er eignet sich zur Appetitanregung und - äußerlich verwendet - zur besseren Durchblutung. Doch beachten Sie bei seiner Zubereitung und Verwendung unbedingt die richtige Dosierung. Informieren Sie sich vorab! Ein paar Gramm (je nach Autor: 5 bis 25 g pro Liter Alkohol) in möglichst niedrigprozentigen Alkohol angesetzt (niemals über 30 %!) genügen, damit der Wermutgeist seine Heilkraft entfalten kann! Hier ein Rezept für einen Wermutgeist nach WERNER (1997, S. 40):

Zutaten für die Zubereitung:

die oberen Teile mehrerer blühender Kräuter
1 l Ansatzkorn

Schneiden Sie die oberen Teile mehrerer blühender Kräuter ab und geben Sie sie mit den Blüten nach unten in ein Gefäß mit weiter

Öffnung. Nun füllen Sie das Gefäß mit dem Ansatzkorn auf. Gefäß gut verschließen und 2-3 Wochen an einen warmen Ort stellen, aber nicht in die Sonne. Nach dem Filtrieren sollte auch der Wermutgeist mehrere Wochen im Keller lagern.

Hinweise:

Wermutgeist sollte man wegen des Thujon-Gehaltes eher tröpfchen- bis teelöffelweise zu sich nehmen. Überdosierungen und längerer Gebrauch können gesundheitsschädlich sein bzw. es können ernsthafte Vergiftungserscheinungen auftreten!
Bei allen Wermutzubereitungen gilt:
‚Die Dosis macht das Gift!' (vgl. PARACELSUS).
Bitte machen Sie sich kundig, bevor Sie Wermut in Alkohol ansetzen und beachten Sie dabei auch die Gesetzeslage!
Bei Magen- und Darmgeschwüren sowie während Schwangerschaft und Stillzeit muss auf Wermut grundsätzlich verzichtet werden!

Kräutertee und Zaubertrank

Tees sowie Pflanzensäfte und Sirups sind beliebte Kräuterzubereitungen.

Presssäfte sind bekanntlich reich an Vitaminen und Mineralstoffen. Wegen der begrenzten Haltbarkeit müssen sie stets von neuem zubereitet werden. Bekannt sind vor allem Presssäfte aus Brennnesseln, Löwenzahn, Melisse und Petersilie. In Ihrem Reformhaus finden Sie eine große Auswahl unterschiedlichster gepresster Kräutersäfte. Greifen Sie ruhig darauf zurück! Die Selbstherstellung in ausreichender Menge wäre - abhängig von der Heilpflanze - mit den üblichen Küchenutensilien oft kaum zu bewerkstelligen. Denken Sie nur an das Auspressen von Petersilie oder Brennnesseln!

Das **Auspressen von Beeren** zur Saftherstellung ist zu Hause kein Problem. Die Beeren werden verlesen, unter fließendem Wasser gereinigt, manchmal gekocht (Holunder!), und durch ein Baumwoll- oder Leinentuch gepresst. Der fertige Saft wird in Flaschen abgefüllt und sollte bald verbraucht werden. Durch Weiterverarbeitung kann man ihn haltbar machen.

Blütensäfte und Blütenlimonaden sind eine weitere beliebte Darreichungsform von Pflanzenauszügen. Hier werden Duftblüten von Rosen, Indianernesseln oder vom Holunder etc. in Zuckerwasser angesetzt, es werden Gewürze oder Zitrusfrüchte hinzugegeben ..., und nach wenigen Tagen erhalten Sie einen sehr schmackhaften Blütensaft, den Sie pur oder mit Mineralwasser verdünnt genießen dürfen.

Kräuterdrinks

Kräuterdrinks sind ebenso köstlich wie die soeben erwähnten Blütensäfte und Blütenlimonaden. Probieren Sie doch einmal den erfrischenden Pfefferminzdrink!

Pfefferminzdrink

Als Zutaten brauchen Sie:

1 Hand voll frischer Pfefferminzblätter
2 Orangen
1 Zitrone
3 EL Zucker
2 l kohlensäurehaltiges Mineralwasser

Übergießen Sie die gesäuberten Pfefferminzblätter mit dem Saft der ausgepressten Orangen und Zitrone. Lassen Sie diese Pfefferminz-Saft-Mischung nun mindestens 2

Stunden ziehen. Dann fügen Sie den Zucker hinzu und verrühren alles. Vor dem Servieren gießen Sie diese Mischung mit dem Mineralwasser auf.

Variante:

Auf gleiche Weise lässt sich auch ein **Melissendrink** herstellen. „Er läuft jeder gekauften Limonade den Rang ab", so HIRSCH (2000, S. 64).

Haben Sie das gewusst?

Mittlerweile kennen wir rund 2000 Minzearten. Zu Heilzwecken wird die mentholreiche Pfefferminze verwendet. Wer Minze regelmäßig genießen möchte, sollte die Fruchtminzen bevorzugen: Apfel-, Grapefruit-, Orangen-, Limetten- oder Zitronenminze. Fruchtminzen haben weniger Menthol als die Pfefferminze, aber um so mehr Geschmack.

Sirups

Sirups zählen zu den traditionellen „Zaubertränken". **Beerensirups** basieren in der Regel auf den oben beschriebenen Presssäften. Heidelbeeren, Himbeeren, Holunderbeeren etc. werden gekocht, abgeseiht und unter Zugabe von Zucker oder Honig und Gewürzen noch einmal, meistens eine halbe bis eine Stunde, erhitzt. Nach dem Abseihen und Abfüllen sind die Sirups aufgrund des hohen Zuckergehaltes ungeöffnet längere Zeit haltbar.

Kräutersirups

Neben Sirups aus Beeren lassen sich auch Sirups aus Kräutern herstellen.

Pfefferminzsirup

Der Sirup hilft bei Konzentrationsschwäche und Erschöpfung. Bei Bedarf nimmt man einen Esslöffel ein.

Gleich zwei Rezepte möchte ich Ihnen hier vorstellen:

Zutaten für Rezept 1:

2 Hand voll frischer Pfefferminzblätter
1 l heißes Wasser
2 kg Zucker

Weichen Sie die Pfefferminzblätter in heißem Wasser gut 20 Minuten ein, seihen ab und fügen dann den Zucker hinzu, den Sie gut unterrühren sollten. Der Sirup wird abgefüllt und gut verschlossen dunkel gelagert.

Zutaten für Rezept 2:

2 Hand voll frischer Pfefferminzblätter
1 l kaltes Wasser
1 EL Zitronensäure (oder Weinstein)
2 kg Zucker

Setzen Sie die Pfefferminzblätter in kaltem Wasser an und geben dazu die Zitronensäure.

Diese Mischung lassen Sie nun längstens 2 Tage stehen, seihen ab und fügen 2 kg Zucker hinzu, der sich durch Rühren auflöst.
Der Sirup wird abgefüllt und ebenfalls gut verschlossen dunkel gelagert.

Verwendungstipp:

Verdünnt man diesen Sirup mit prickelndem Mineralwasser, so erhält man eine äußerst wohlschmeckende Pfefferminzlimonade.

Zubereitungstipp:

Mit dem gleichen Rezept lässt sich auch **Melissensirup** bzw. köstliche **Melissenlimonade** herstellen.

Melissensirup wird traditionell bei depressiver Gestimmtheit sowie bei Angstzuständen verabreicht und ist ein hilfreiches Hausmittel bei Schlafstörungen.

Sirups aus Kräutermischungen

Zur Herstellung von Kräutersirups lassen sich natürlich auch Kräutermischungen verwenden. Dazu eignen sich alle Kräuter und (Heil-) Pflanzen, die man auch für Teezubereitungen benutzt. Das sind z. B. Rosenblütenblätter, die Blüten von Duftgeranien oder vom Borretsch. Sie kann man mischen mit Melissenblättern, Pfefferminzblättern etc.
Wieder stehen zwei Rezepte zur Auswahl:

Zutaten für Rezept 1:

1 l Kräutermischung
1 l Wasser
700 g Zucker

Sammeln Sie Kräuter und Blüten nach Ihrem Geschmack bzw. Ihren Bedürfnissen, bis Sie gut 1 l Kräutermischung (im Messbecher leicht angedrückt) zusammenhaben.

Die Kräuter werden gesäubert in einen Kochtopf gegeben. Füllen Sie nun mit dem Wasser auf und lassen Sie die Mischung gut 30 Minuten leicht sieden, aber nicht kochen. Danach wird durch ein Tuch abgeseiht, wobei Sie den Aufguss zurück in den Topf schütten. Geben Sie den Zucker dazu, den Sie noch einmal etwa 15 Minuten mitsieden lassen, damit er sich auflöst. Danach kann der Kräutersirup in sterile Flaschen abgefüllt werden.

Zutaten für Rezept 2:

50 g getrocknete bzw. 100 g frische Kräuter
1 l Wasser
ca. 500 g Rohrzucker

Lassen Sie die gewählten Heilkräuter im Wasser kurz aufkochen. Nehmen Sie den Topf von der Herdplatte und lassen Sie den Ansatz gut 30 Minuten oder auch bis zu 3 Tage zugedeckt stehen. Danach seihen Sie ab und pressen die Rückstände aus. Ggf. filtrieren Sie den Sud.

Abschließend lösen Sie in je einem Liter Saft ein Pfund Rohrzucker auf.
Danach kann der Kräutersirup in sterile Flaschen abgefüllt werden.

Hinweis:

Das Rezept eignet sich natürlich nicht nur für Kräutermischungen, sondern auch für einzelne Kräuter, mit denen Sie einen Sirup herstellen möchten.

Thymiansirup z. B. ist vor allem bei grippalen Infekten mit Husten bis hin zum Bronchialkatarrh wirksam. Der Sirup wird abgefüllt und gut verschlossen dunkel gelagert.

Verwendungstipps:

Kräutersirups lassen sich verdünnt als Getränk oder auch pur über Eis, Pudding und Gebäck verwenden oder in einer Mischung aus Eis und Milch weiterverarbeiten.

Eismilch und Kräutereis

Sie benötigen:

200 ml sehr kalte Milch
2 Eiskugeln Vanille- oder Zitroneneis
2-4 EL Kräutersirup nach Wahl

Alle Zutaten gut miteinander vermischen und die **Kräutereismilch** sofort genießen.

Mit einer Eismaschine kann man sich so auch leicht sein eigenes **Kräutereis** herstellen.

Lavendeleis (2-4 EL Lavendelsirup verwenden) überzeugt auch den verwöhnten Gaumen!

Pfefferminzeis schmeckt an heißen Sommertagen herrlich erfrischend!

Tee – Kräuterauszug in Wasser

Tee gilt als die am weitesten verbreitete Kräuterzubereitungsform. Die Verarbeitung von Kräutern zu Tee entstand aus dem Bedürfnis heraus, einzelne Kräuter auch in der kalten Jahreszeit zur Bekämpfung von Krankheiten zur Verfügung zu haben. Zu diesem Zweck mussten die Kräuter so konserviert werden, dass ihre Heilkräfte möglichst vollständig erhalten blieben. Bis heute sieht dieses Konservierungsverfahren für die „Kräuterhexe" so aus: Die Kräuter werden nach der Ernte an frischer Luft und im Schatten bei höchstens 35 °C getrocknet. Pflanzen, die nicht hauptsächlich ätherische Öle enthalten, vertragen auch höhere Temperaturen. Durch das Trocknen wird den Kräutern das Wasser entzogen, womit die Bildung von Gärungsfermenten unterbrochen und die Entwicklung von Bakterien und Pilzen verhindert wird. Die Pflanzen sollen jedoch nicht vollständig austrocknen; der Feuchtigkeitsgrad gut getrockneter Kräuter liegt bei etwa 10 %. (Vgl. zusammenfassend THOMSON, 1978, S. 152 ff.).

Doch nicht nur aus getrockneten Kräutern lässt sich Tee zubereiten. Beim sog. **Frischtee** werden frisch gepflückte Kräuter verwendet. Frischtee schmeckt aromatischer und feiner als ein **Tee aus getrockneten Kräutern** und wird deshalb auch gerne als Erfrischungsgetränk gewählt. Grundsätzlich ist die Zubereitung von Frischtee mit allen Heilkräutern möglich. Ihre Auswahl und die geeignete Mischung setzt auch hier entsprechende Sachkenntnis und viel Erfahrung voraus. Für einen Frischtee eignen sich besonders gut Kräuter wie Kamille, Melisse, Minze, Rosmarin, Salbei, Schafgarbe und Thymian. In der nasskalten Jahreszeit wirkt **Thymiantee** u. a. auch vorbeugend gegen grippale Infekte:

„Die nächste Grippe kommt bestimmt, doch nicht zu dem der Thymian nimmt", lautet eine alte Volksweisheit.

Ein wahrer „Sommertraum" ist **Monardentee**. Für diesen fruchtigen Frischtee verwenden Sie die Blütenköpfe der roten Indianernessel (Monarde). Dieses buschige, recht hoch wachsende Kraut (ca. 60-80 cm) sollte unbedingt in der Nähe Ihrer Terrasse stehen. Es duftet einfach wunderbar!

Egal ob Sie nun einen Teeaufguss herstellen, eine Abkochung vornehmen oder einen Kaltansatz wählen: Stellen Sie Ihren Tee jeweils frisch her. Durch langes Warmhalten werden die wertvollen Inhaltsstoffe Ihrer Teezubereitung unnötig zerstört.

Beim **Teeaufguss** überbrüht man die zerkleinerten Kräuter bzw. einzelne Teile von ihnen (bei Baldrian die Wurzeln, bei Kamille die Blüten, bei Pfefferminze die Blätter etc.) mit kochendem Wasser (oder auch manchmal mit heißer Milch; s. u.) und lässt ihn ca. 5-10 Minuten, aber nie länger als 12 Minuten ziehen. Enthalten die Pflanzen viele ätherische Öle, sollte man den Aufguss zudecken, damit die wertvollen Öle nicht verdampfen, sondern sich am Deckel oder Tuch niederschlagen und wieder in den Teeaufguss zurücktropfen.
Bei der **Abkochung** dagegen werden die Heilkräuter kalt angesetzt und dann für etwa 10-15 Minuten in der entsprechenden Menge Wasser gekocht, während beim **Kaltauszug**

oder **Kaltansatz** das Heilkraut etwa 6 Stunden bzw. über Nacht im kalten Wasser angesetzt und dann auf Trinktemperatur erwärmt wird. Der Tee wird also nicht gekocht. In der Regel verwendet man auf 200-250 ml Wasser gut 2-3 TL bzw. 1 gehäuften EL der getrockneten Pflanzenteile.

Haben Sie das gewusst?

In Deutschland werden jährlich rund 3 Milliarden (!) Tassen Tee getrunken. Davon sind gut 60% Kräuter- und Früchtetees. Das entspricht einem durchschnittlichen Pro-Kopf-Verbrauch von nahezu 30 Litern Teezubereitung! (Vgl. www.wkf.de)

„Gegen-Stress-und-Spannungskopfschmerzen-Tee"

Einen bewährten Tee gegen Stress und Spannungskopfschmerzen ergibt eine Mischung aus getrockneten Heilkräutern wie Lavendel und Melisse und aus Orangenblüten:

Zutaten für 60 g Teemischung:

20 g Lavendel
20 g Melisse
20 g Orangenblüten

Übergießen Sie 1-2 TL dieser Kräutermischung mit gut 200 ml kochendem Wasser. Lassen Sie den Tee ca. 10 Minuten ziehen und trinken Sie ihn dann in kleinen Schlücken.

Lavendel beruhigt die Nerven, Melisse wirkt harmonisierend und entspannend, Orangenblüten duften erfrischend und stimmen heiter.

Hustentee

Eine bewährte Hustentee-Mischung besteht aus Thymian, Huflattich und Spitzwegerich.

Mischen Sie jeweils 20 g dieser Kräuter.

1-2 TL dieser Kräutermischung werden mit 200 ml kochendem Wasser übergossen.

Schlaftee

Aus einer Mischung aus jeweils 20 g Melisse, Hopfen und Baldrian lässt sich ein Schlaftee zaubern. Er wirkt schnell und zuverlässig, weshalb Sie ihn möglichst schon auf der Bettkante sitzend schluckweise trinken sollten!

Auch hier genügen 1-2 TL dieser Kräutermischung auf 1 Tasse kochendes Wasser.

Während diese Kräutertees nur aus drei Heilkräutern bestehen, sind andere Kräutertees häufig Kompositionen aus 5-10 Heilkräutern. Manchmal sind es auch noch mehr. Sie in der richtigen Zusammensetzung und im sinnvollen Mischungsverhältnis zusammenzustellen gehört ohne Frage zur „Hohen Schule der Kräuterhexerei“.

„Für jedes Wehwehchen ist ein Kraut gewachsen”, sagt der Volksmund. Fragen Sie, wenn Sie unsicher sind, Ihren Homöopathen oder Apotheker nach geeigneten Teezusammensetzungen und -zubereitungen, oder wenden Sie sich an Kräuterfrauen mit entsprechender Fachkenntnis und Erfahrung! Ansonsten verwenden Sie nur einzelne oder wenige Kräuter, mit deren Umgang Sie sicher sind. Kamillentee beruhigt den Magen. Fencheltee lindert Blähungen. Melissentee besänftigt gereizte Nerven.

Kräuterauszüge in Milch

Heilkräuter lassen sich aber nicht nur in Wasser ausziehen, sondern wie bereits oben erwähnt ebenso in heißer Milch:
Gießen Sie kochende Milch auf die verwendeten Kräuter. Die Mengen entsprechen dabei denen bei der Teezubereitung. Lassen Sie die heiße Kräutermilch zugedeckt etwa 5 Minuten ziehen. Danach seihen Sie ab. Trinken Sie die Kräutermilch stets in kleinen Schlücken.

Verwendungstipps:

So manche Kräutermilch lässt sich in der Kräuterküche weiterverwenden:
Eine so hergestellte **Pfefferminzmilch** ist eine Zutat für einen köstlichen Nachtisch: der Pfefferminz-Schokoladen-Traum (s. S. 135 f.).

Kalte Pfefferminzmilch mit Vanille- oder Zitroneneis „angedickt" ergibt eine wohlschmeckende **Kräutereismilch**.

Alternatives Rezept zur Herstellung von Pfefferminzmilch

Dazu benötigen Sie folgende Zutaten:

1 l Wasser
4 Beutel Pfefferminztee
Honig, gut schmeckt Akazienhonig
500 ml Milch

Überbrühen Sie die 4 Teebeutel mit dem kochenden Wasser und lassen Sie den Aufguss etwa 5 Minuten ziehen. Dann nehmen Sie die Beutel heraus und lassen den Tee abkühlen. Den kalten Tee süßen Sie mit dem Honig und verschlagen den gesüßten Pfefferminztee mit der kalten Milch .

Tipp:

Kräuter in Joghurtdrinks sind ein schnelles und vitaminreiches Frühstück!

Kräuterauszüge in Saft

Darüber hinaus lassen sich Kräuter auch in Säften ausziehen. Kräuterauszüge in Trauben- oder Apfelsaft sind nicht nur bei Kindern beliebt. An heißen Sommertagen bieten sie sich als köstliches Erfrischungsgetränk an. Bei Partys sind sie eine schmackhafte Alternative zu alkoholischen Getränken. Mit einem Büschel Waldmeister, Pfefferminze oder Melisse in Apfel- oder Traubensaft, 20-30 Minuten ziehen lassen, entsteht eine fein duftende **Kräuterbowle**.

Als Bowlen-Kräuter eignen sich außerdem Honigklee, Majoran, Thymian, Gundermann und Giersch.

Hinweise:

Waldmeister und Honigklee entfalten ihr Aroma erst, wenn sie etwas angetrocknet sind! Doch Vorsicht: Diese Kräuter dürfen Ihre Bowle höchstens 20 Minuten aromatisieren. Das in diesen Kräutern enthaltene, süß duftende Cumarin könnte sonst u. a. Kopfschmerzen und Schwindel verursachen! Halten Sie sich zudem stets an die in den Rezepten angegebenen Mengen!

Alkoholfreie Waldmeister- oder Kräuterbowle mit Sirups angesetzt

Wenn Sie keinen frischen Waldmeister zur Verfügung haben oder die gewünschten Kräuter nicht bekommen, können Sie auch entsprechende Sirups für Ihre Bowle nehmen. Allerdings sollten Sie die Bowle dann weniger süßen. (Zur Siruperstellung s. S. 78 ff.)

Tipp:

Natürlich können Sie jede Kräuterbowle auch mit essbaren Blüten oder mit Früchten ergänzen.

Alkoholfreie Waldmeisterbowle

Als Zutaten nehmen Sie:

600 ml Apfelsaft
Saft von 2 Zitronen
150 ml Waldmeistersirup
400 ml Mineralwasser

Vermischen Sie den Waldmeistersirup mit dem Saft der ausgepressten Zitronen und mit dem Apfelsaft. Vor dem Servieren füllen Sie die Bowle mit kaltem Mineralwasser auf. Doch auch ohne Zugabe von Mineralwasser schmeckt dieser „Zaubertrank“ köstlich!

Hinweis:

Wie Sie einen Kräutersirup herstellen, können Sie ab S. 78 nachlesen!

Pfefferminz-Kiwi-Bowle

Zutaten:

2 EL klein geschnittene frische Pfefferminze
3 EL flüssiger Honig
3 Kiwis
400 ml Apfelsaft

Verrühren Sie die klein geschnittene Pfefferminze mit dem Honig. Schälen Sie die Kiwis und schneiden Sie sie klein. Geben Sie den Pfefferminzhonig und die klein geschnittenen Kiwis zum Pürieren in einen Mixer und füllen Sie mit dem Apfelsaft auf. Wenn Sie mögen, servieren Sie die Bowle in hohen Glüsern, die Sie zuvor leicht anfeuchten und dann in Zucker tunken. Nachdem Sie die Bowle eingefüllt haben, dekorieren Sie mit Pfefferminzblättchen.

Beerenbowle

In einer Beerenbowle kommen statt der Kräuter Erdbeeren, Himbeeren, Waldbeeren etc. zum Einsatz, die aber gut 3 Stunden durchziehen sollten. Natürlich lassen sich auch Früchte statt der Beeren verwenden. Die Bowle lässt man im Kühlschrank abkühlen. Sie wird vor dem Servieren mit Mineralwasser aufgefüllt und mit Zucker und Zitrone nach Belieben abgeschmeckt. Dekoriert wird mit frischen, gereinigten Blättern und Blüten passender Heilpflanzen (s. S. 147 ff.).

Mit Heilpflanzen kochen und backen

Herrliche Rezepte für das **Kochen und Backen mit Kräutern** dürfen an dieser Stelle natürlich nicht fehlen. Als kleine Auswahl aus meiner Kräuterküche empfehle ich nachfolgende Rezepte, die Sie vom Frühstück bis zum Abendbrot durch den Tag begleiten.
Die Rezepte sind bewusst recht einfach gehalten und deshalb gut geeignet für Kräuterküchen-Neulinge.

Alle Angaben zu den Kräuterzubereitungen sind für 4 Personen gedacht, es sei denn, es ist Anderweitiges angegeben.

Kräutergelees

Selbst gemachte Frühstücksgelees mit Kräutern verfeinert sind nicht nur für Geleeliebhaber ein guter Start in den Tag.

Zutaten:

Ihr Lieblingsgeleerezept und
passende Kräuter

Kochen Sie Ihr Lieblingsgelee wie gewohnt. Nachdem Sie den Topf vom Herd genommen haben, streuen Sie nach Belieben dazu passende Kräuterblätter in das Gelee.

Zu Erdbeer- und Orangengelee passen Pfefferminzblättchen, zu Apfelgelee z. B. auch Melissenblättchen, Thymianblütchen, die Blätter von Duftgeranien oder, besonders in der Adventszeit, Zimt.

Kräuter-Apfel-Gelee

Dieses Gelee ist leicht selbst herzustellen.

Sie benötigen:

Apfelsaft
Gelierzucker
Kräuter

Sie können frisch gepressten Apfelsaft oder gekauften naturtrüben wie auch klaren Apfelsaft mit Gelierzucker nach Vorschrift aufkochen. Die Kräuter wie Minzeblätter, die Blätter bzw. die Blüten von Zitronenmelisse, Zitronenthymian oder Duftgeranie hacken Sie klein und rühren sie gut unter das Gelee, damit sie gleichmäßig verteilt sind, bevor Sie es in luftdicht verschließbare Gläser füllen.

Hinweis:

Kräutergelees sind bis zu 6 Monate haltbar.

Apfelgelee mit Ananassalbei

Sehr delikat schmeckt Ananassalbei in Apfelgelee. Für 1 kg Gelee brauchen Sie etwa 10 Blätter Ananassalbei sowie den Saft einer Orange und einer Zitrone.

Apfel-Zimt-Gelee

Ein Genuss ist auch Apfelgelee mit ca. 1 TL Zimtpulver pro Marmeladenglas! Einfach einrühren, fertig! Apfel-Zimt-Gelee ist ein schönes Weihnachtsgeschenk!

Haben Sie das gewusst?

Neuere Forschungen belegen: Ein paar Gramm Zimt täglich können den Blutzuckerspiegel erheblich senken. (Vgl. www.spiegel.de)

Pfefferminzgelee

Als Zutaten brauchen Sie:

200 g Pfefferminzblätter
250 ml kochendes Wasser
etwas Zitronensaft
klein gehackte frische Pfefferminzblätter
1,5 l Wasser oder alternativ: Weißwein
Gelierzucker

Zunächst werden die Pfefferminzblätter mit dem kochenden Wasser übergossen. Ca. 15 Minuten ziehen lassen. Nach dem Abseihen geben Sie den Zitronensaft und reichlich frische, klein gehackte Pfefferminzblätter in den Teeaufguss. Fugen Sie nun das Wasser (oder, sehr delikat: statt Wasser Weißwein verwenden!) hinzu sowie Gelierzucker nach Vorschrift. Kochen Sie die Mischung nun fertig wie normale Marmelade. Erfrischend lecker!

Kräuterbrötchen

Besonders gut schmecken selbst gemachte Gelees, Konfitüren und Marmeladen natürlich auf selbst gebackenen Brötchen. Das nachfolgende Grundrezept (für 16 Brötchen) lässt sich durch Zugabe unterschiedlicher Kräuter und Gewürze, Käse oder Schinken immer wieder variieren.

Zutaten:

400 g Weizenmehl
100 g Roggenmehl
100 ml lauwarmes Wasser
40 g frische Hefe oder entsprechend Trockenhefe
150-200 ml lauwarme Milch
1 Ei
1 TL Salz
40 g Butter oder Margarine
1 TL gemahlener Kümmel
1 EL Haferflocken sowie
100 g Kräuter oder 150 g Zwiebeln oder 150 g Käse

Für die Herstellung von **Kräuterbrötchen** benötigen Sie 100 g fein gehackte, gemischte Küchenkräuter wie Petersilie, Schnittlauch, Dill, Liebstöckel, Bohnenkraut etc.

Zwiebelbrötchen sind eine herzhafte Alternative: Sie fügen statt der Kräuter 150 g sehr fein gehackte Zwiebeln hinzu, die Sie zuvor in 2 EL Öl angedünstet haben.

Käsebrötchen sind auch auf Partys sehr beliebt: Sie verwenden einfach 150 g geriebenen Emmentaler statt der Zwiebeln bzw. Kräuter.

Da Sie aus den Zutaten einen Hefeteig herstellen, sollten Sie mit der Zubereitung rechtzeitig beginnen. Sie gehen folgendermaßen vor:

Stellen Sie aus den angegebenen Zutaten einen glatten Hefeteig her. Diesen lassen Sie zugedeckt an einem warmen Ort ca. 1 Stunde gehen, bis sich sein Volumen verdoppelt hat. Anschließend kneten Sie den Teig noch einmal gut durch und mengen dabei die Kräutermischung oder die glasig gedünsteten und abgekühlten Zwiebeln oder den Käse unter. Nun formen Sie 16 Brötchen, die Sie auf ein mit Backpapier ausgelegtes Backblech setzen, wo sie noch einmal 10-15 Minuten an einem warmen Ort gehen. Wenn gewünscht können Sie die Brötchen jetzt mit 1 Eigelb (verquirlt in 1 EL Wasser) vorsichtig bestreichen.

Die Brötchen werden bei 220 °C etwa 35 Minuten im nicht vorgeheizten Backofen auf mittlerer Schiene gebacken. Lassen Sie die Brötchen auf einem Kuchengitter auskühlen und servieren Sie sie möglichst frisch.

Zum Mittagessen schmecken diese Brötchen natürlich ebenso köstlich. Reichen Sie doch einen **Salat** dazu.

Kräutersalate und Dressings mit Kräuteressig und Kräuteröl

Sie können jeden „gewöhnlichen" Blattsalat durch frische Feld-, Wald- und Wiesenkräuter zu einem ungewöhnlichen Geschmackserlebnis werden lassen! Natürlich können Sie mit den frisch geernteten Wildkräutern auch einen eigenständigen Salat anrichten. Hier eine kleine Auswahl geeigneter Kräuter:

Feld-, Wald- und Wiesenkräuter für Salate

Als Salatkräuter empfehlen sich die jungen zarten Blätter des Frühlingsborretsch' und des Frühlingslöwenzahns, die entstielten Blätter der Brunnenkresse, die gekochten (etwa 30 Min.) Blütenböden der Eselsdistel, die Blüten und Blätter von Gänseblümchen, die jungen Blätter und Triebe von Bärenklau, Bärlauch, Estragon, Frauenmantel, Gartenkresse, Giersch,

Huflattich, Klee, Knoblauchsrauke, Löffelkraut, Pimpernell (Bibernelle), Portulak, Sauerampfer, Spitzwegerich, Taubnessel und Wiesenschaumkraut sowie die oberen Triebteile von Vogelmiere, Thymian und Majoran, die weich gekochten Wurzeln der Nachtkerze u. a. m.

Verwenden Sie bitte stets nur Kräuter, die Sie kennen. Verwenden Sie aus der freien Natur keine Kräuter, die unter Naturschutz stehen! Verwechseln Sie Bärlauch nicht mit dem giftigen Maiglöckchen! Riesen-Bärenklau ist giftig, vom Wiesen-Bärenklau hingegen können Sie fast alle Teile in der Küche verwenden. Das reifere Kraut vorher kochen (Hautreizungen)! Machen Sie sich kundig!

Tipp:

Gewöhnen Sie Ihre Lieben nach und nach an Wildkräutersalate. Geben Sie einige klein geschnittene Blätter von Wildkräutern zunächst unter Ihren „normalen“ Blattsalat. Manchen Skeptikern fällt das Herantasten an Neues auf dem Speiseplan so merklich leichter.

Klassische Salatmarinade

Neben den ausgewählten Salatkräutern bestimmt die Marinade den guten Geschmack Ihres Salats. Ausgehend von einer klassischen Salatmarinade aus Essig, Öl, Pfeffer und Salz können Sie durch die Zugabe fein gehackter Kräuter oder durch die Verwendung selbst angesetzter Kräuteröle und Kräuteressige jeden Salat zu einem kulinarischen Genuss werden lassen. Ein paar Beispiele für selbst gemachte **Kräuteressige und Kräuteröle** finden Sie im nachfolgenden Kapitel „Kräuter-Allerlei“ (S. 147 ff.).

Zutaten für eine klassische Salatmarinade:

3 EL Pflanzenöl (Sojaöl, Walnussöl etc.)
1-2 TL Essig (Wein-, Obst- oder Kräuteressig)
Salz
Pfeffer

Alle Zutaten werden miteinander vermengt und unter den Salat gehoben.

Kapuzinerkressesalat

Der Kapuzinerkressesalat ist ein Beispiel für eine Salatkombination für Neulinge auf dem Gebiet der (Wild-) Kräuterküche. Geben Sie Kapuzinerkresse in „gewöhnlichen" Blattsalat! Ein wenig Zucker und Sahne in der Marinade mildern den würzigen Geschmack des Krauts.

Zutaten:

Klassische Marinade
evtl. Zucker und Sahne
Blattsalat
gut 300 g junge Blätter und einige Blüten der Kapuzinerkresse

Stellen Sie eine klassische Marinade her. Bereiten Sie den Blattsalat wie gewohnt vor. Die Blätter der Kapuzinerkresse werden geputzt, in feine Streifen geschnitten und unter den Blattsalat gemischt. Salat mit der Marinade vermengen. Richten Sie den Salat an und dekorieren Sie ihn mit den Blüten.

Kunterbunter Frühlingswiesensalat mit Joghurt- / Sahne-Dressing und Kräuterbrot

Zutaten:

Klassische Marinade
gut 300 g Kräuter der Frühlingswiese
süße Sahne oder Joghurt
Kräuterbrot

Die im Frühling auf der Wiese gesammelten Kräuter wie Vogelmiere, Klee, Spitzwegerich, Löffelkraut und Gänseblümchen werden geputzt, gewaschen und grob zerkleinert. Stellen Sie eine klassische Marinade aus Essig, Öl, Pfeffer und Salz her und fügen Sie nach Belieben süße Sahne oder Joghurt hinzu, um die herbe Frische der Kräuter zu mildern. Alles mit der Marinade vermengen und anrichten.

Wenn Sie mögen, reichen Sie frisch gebackenes Kräuterbrot dazu: Wie wär 's mit meinem Party-Kräuterbrot? (Rezept s. S. 141)

Gierschsalat mit kross gebratenem Räucherspeck und Croûtons

Wildkräutersalate mit kross gebratenem Räucherspeck und Croûtons haben eine rustikalere Geschmacksnote.

Zutaten:

klassische Marinade, gerne mit Walnussöl
gut 300 g Giersch
(oder andere Feld-, Wald- und Wiesenkräuter)
magerer Räucherspeck, Menge nach Wunsch
etwas (Walnuss-) Öl zum Anbraten
Knoblauch-Croûtons

In die klassische Marinade aus Essig, Öl, Pfeffer und Salz geben Sie die zarten, jungen, etwa fingerlangen Kräuterblätter. Würfeln Sie nun mageren Räucherspeck klein und braten Sie die Würfel in maximal 1 EL Öl kross an. Diese mit der Marinade über den Salat gießen und mit den Knoblauch-Croûtons anrichten.

Löwenzahnsalat mit geröstetem Knusperbrot

Etwas aufwändiger in der Zubereitung ist dieser herzhaft-rustikale Löwenzahnsalat mit geröstetem Knusperbrot. Er gelingt selbstverständlich auch mit anderen Feld-, Wald- und Wiesenkräutern!

Zutaten für den Salat:

ca. 300 g junge Löwenzahnblätter
(oder andere Feld-, Wald- und Wiesenkräuter)
1 Schalotte
2 Zweige Salbei
5 EL Olivenöl
100 ml Gemüsefond
3 EL Balsamico-Essig
2 TL körniger Senf
Salz und Pfeffer

Beachten Sie beim Löwenzahn generell: Verwenden Sie in der Kräuterküche möglichst

Frühlingslöwenzahn bzw. nur ganz junge Pflanzen, die noch keine Blüten treiben!
Zunächst putzen Sie den Löwenzahn, waschen und trocknen ihn. Danach schneiden Sie das Kraut ganz fein und geben es in eine Schüssel.
Den Salbei waschen und trocknen Sie gleichermaßen, entfernen die Blätter vom Stiel und schneiden ihn ebenfalls in Streifen. Die Schalotte ziehen Sie ab und schneiden sie klein. Geben Sie die Schalotte und den Salbei in eine Pfanne mit 1 EL heißem Olivenöl und dünsten Sie beides so lange, bis die Schalotte glasig ist. Geben Sie die Masse anschließend in eine separate Schüssel zum Abkühlen.
In der Zwischenzeit nehmen Sie die zum Andünsten der Schalotte und des Salbeis benutzte Pfanne vom Herd und löschen mit Gemüsefond ab. Dann Essig und Senf unterrühren. Dieses Dressing abkühlen lassen.
Danach restliches Olivenöl mit dem Schneebesen unterrühren und das gesamte Dressing samt Schalotte und Salbei über den Löwenzahn gießen. Den fertigen Salat mit Pfeffer und Salz abschmecken, bei Zimmertemperatur ziehen lassen ... - bis die Knusperbrote fertig sind:

Knusperbrot
als Beigabe zu Wildkräutersalaten

Herzhaft-rustikal schmecken Wildkräuter-
salate durch die Beilage von noch warmem
Knusperbrot.

Folgende Zutaten werden gebraucht:

200 g Roquefort oder Gorgonzola
50 g weiche Butter
einige Stängel Petersilie
Salz
frisch gemahlener weißer Pfeffer und
8 Scheiben französisches Weißbrot

Zunächst heizen Sie den Backofen auf
250 °C vor (Gas: Stufe 6).
Den Käse zerdrücken Sie mit einer Gabel,
hacken Petersilie klein und mischen beides
zusammen mit Butter, Salz und Pfeffer.
Streichen Sie die Käse-Paste auf die Brote und
backen Sie diese auf mittlerer Schiene ca.
10 Minuten bis der Käse gebräunt ist.

Kräutersuppen

Wenn Sie zu Mittag eine warme Suppe lieben, hält die Kräuterküche schmackhafte Gerichte für Sie bereit.

Brennnesselpüreesuppe

Für diese leckere und vitaminreiche Brennnesselsuppe benötigen Sie junge Brennnesselblätter, die Sie dementsprechend im Frühjahr sammeln und verwenden. Stellen Sie daraus zunächst ein Brennnesselpüree her, das Sie später in die Suppe einrühren.

Sie benötigen folgende Zutaten:

Für das Püree:
3-4 Hand voll junger Brennnesselblätter
etwas Salzwasser.
Für die Béchamelsauce:
40 g Butter

50 g Dinkelmehl (3 EL)
750 ml Wasser und
250 ml Milch.
Zum Abschmecken:
3 TL gekörnte Gemüsebrühe
Salz und Pfeffer
etwas Muskat
Zitronensaft
süße Sahne

Putzen und waschen Sie die Brennnesseln, bevor Sie sie in Salzwasser kochen. Danach abseihen und pürieren. Haben Sie größere Mengen gekocht, können Sie das Brennnesselpüree einfrieren und es somit auch zu anderen Jahreszeiten verwenden! Dann stellen Sie aus den angegebenen Zutaten eine Béchamelsauce her. In diese Bechamelsauce geben Sie die gekörnte Gemüsebrühe, etwa 3 TL, je nach Geschmack, und fügen das Brennnesselpüree hinzu. Gut durchrühren und alles noch einmal zusammen erhitzen. Schmecken Sie die Suppe abschließend mit Salz, Pfeffer, Muskat und Zitronensaft ab und verfeinern Sie sie mit süßer Sahne.

Kerbelsuppe

Kerbelsuppe schmeckt ganz vorzüglich und wird bestimmt zu einem festen Bestandteil Ihrer jährlichen Frühjahrskur werden: Kerbelsuppe entgiftet wunderbar den Körper!

Folgende Zutaten werden gebraucht:

gut 300 g frischer Kerbel
2 Zwiebeln
Butter
2 El Mehl
gut ¾ L Gemüsebrühe
3 El Sahne
3 Eigelb
1 "Schluck" Weißwein
Pfeffer, Salz und Zucker

Zunächst dünsten Sie die fein geschnittenen Zwiebeln in der Butter goldgelb an. Dann geben Sie den fein geschnittenen Kerbel dazu und dünsten ihn kurz mit. Behalten Sie etwas Kerbel zum Dekorieren der Suppe zurück.

Zwiebeln und Kerbel werden nun mit dem Mehl bestäubt. Mit der heißen Gemüsebrühe wird abgelöscht. Alles gut verrühren und einmal aufkochen lassen. Lassen Sie Ihre Suppe bei geringer Hitze gut 20 Minuten ziehen und schmecken dann mit Salz, Pfeffer und Zucker ab. Kalorienbewusste dürfen die Kerbelsuppe bereits jetzt genießen! Feinschmecker rühren nun die in Weißwein und Sahne verquirlten Eigbelbe in die heiße Suppe. Vor dem Servieren wird die Suppe mit klein gehacktem, frischen Kerbel bestreut.

Petersiliensuppe

(Rezept für 4-6 Personen)

Petersiliensuppe ist die schmackhafte Alternative, wenn keine frischen, jungen Brennnesseln zur Verfügung stehen.

Sie benötigen folgende Zutaten:

2 kleine Zwiebeln
gut 2 Bund frische Petersilie, gerne Petersilienstängel verwenden (s. u.)
1 l Milch
0,5 l Gemüsebrühe
2 EL Mehl
Salz
Pfeffer
Muskat
frische Petersilie zur Dekoration

Würfeln Sie die Zwiebeln und waschen Sie die Petersilie, die Sie danach grob zerkleinern. Beides dünsten Sie in heißer Butter an, erst die Zwiebeln, dann die Petersilie mitdünsten. Nun gießen Sie die Milch und die Gemüsebrühe dazu und lassen alles etwa 10 Minuten bei kleiner Hitze köcheln, wodurch sich auch die Flüssigkeit reduziert. Rühren Sie nun das Mehl ein. Anschließend wird die Suppe mit dem Pürierstab püriert. Mit Salz, Pfeffer und Muskat schmecken Sie die Suppe ab und lassen sie erneut kurz aufkochen. Vor dem Servieren schneiden Sie die restliche Petersilie und streuen sie über die Suppe.

Küchentipp:

Petersilie ist wohl eines der am häufigsten benutzten Küchenkräuter. Als Würzmittel sollte das Kraut selbst jedoch nicht mitgekocht, sondern erst kurz vor dem Anrichten hinzugefügt werden. Beim Kochen des Petersilienkrauts gehen Farbe, Aroma und Vitamine verloren. Petersilienstängel hingegen können von Anfang an mitgekocht werden und finden daher gerne in Brühen und Fonds Verwendung.

Gänseblümchensuppe

Die Gänseblümchensuppe ist verständlicherweise bei Kindern besonders beliebt. Selbst kleinere Kinder können beim Pflücken der Gänseblümchen und bei der Zubereitung der Suppe fleißig mithelfen.

Als Zutaten benötigen Sie:

2 Hand voll frisch gepflückter Gänseblümchenblüten
1 EL Sonnenblumenöl
1 l Gemüse- oder Hühnerbrühe oder eine herzhafte Instant-Brühe
1 Scheibe Brot
2 EL Sonnenblumenöl
krause Petersilie oder andere grüne Kräuter

Die Gänseblümchen werden gewaschen und grob zerkleinert. Ein paar Blüten legen Sie für die Verzierung zurück. Die zerkleinerten Blüten werden in Öl kurz angedünstet und mit der Brühe abgelöscht. Anschließend wird das

Brot in Würfel geschnitten, in einer Pfanne in 2 EL Sonnenblumenöl gebräunt und schließlich zur Suppe gegeben. Zum Dekorieren des gefüllten Suppentellers werden die zurückgelegten Gänseblümchen in krause Petersilie oder in andere grüne Kräuter gesteckt.

Hinweis:

Verwenden Sie hier keine getrockneten Gänseblümchen aus der Apotheke. Sie haben nicht den Geschmack frisch gepflückter Blütchen und eignen sich nicht gut zum Andünsten.

Kräutergerichte zur Hauptmahlzeit

Salbeischnitzel

Folgende Zutaten werden gebraucht:

4 dünne Schnitzel
(ideal sind sog. „Minutenschnitzel")
Pfeffer
4 Scheiben roher Schinken
4-8 Salbeiblätter, je nach Größe
4 Zahnstocher
Öl

Die dünnen Schnitzel werden der Länge nach aufgeschnitten, so dass eine Tasche entsteht. Anschließend Fleisch pfeffern. Die Tasche füllen Sie mit zartem rohen Schinken und frischen Salbeiblättern und verschließen die Taschenöffnung mit hölzernen Zahnstochern. Dann braten Sie die Salbeischnitzel rasch in heißem Öl an. Man sagt, sie seien „die delikatesten Schnitzel der Welt!"

Kräuterkartoffeln

Kräuterkartoffeln schmecken solo wie auch als Beilage zu Fisch- und Fleischgerichten oder zu gebratenen Zwiebeln. Ihre Verwendung bestimmt also die benötigte Menge. Entscheiden Sie selbst.

Als Zutaten nehmen Sie:

Rohe, fest kochende Kartoffeln
Pflanzenfett
etwas Pfeffer und wenig Salz, dafür aber reichlich Kräuter: Kümmel oder Majoran z. B.

Zuerst schneiden Sie die rohen Kartoffeln in dünne Scheiben und schichten diese lagenweise in eine Pfanne mit heißem Pflanzenfett. Jede Schicht wird mit wenig Pfeffer und Salz, aber mit reichlich Kräutern wie Kümmel (oder Majoran) gewürzt. Die Kartoffelscheiben müssen mehrmals gewendet werden, bis sie kross gebacken und gar sind. Braten Sie deshalb stets nur kleine Mengen an.

Kräuterspinat

Sie brauchen:

300-500 g frische Wildkräuter wie Bärlauch, Beinwell, Brennnesseln, Giersch oder Huflattich
wenig Wasser, ein paar EL genügen
Butter und Mehl für eine klassische Mehlschwitze

Die gesäuberten Wildkräuter werden nur kurz in wenig Wasser aufgekocht und dann durch den Fleischwolf gedreht. Danach stellen Sie eine Mehlschwitze her und lassen den Kräuterspinat darin noch einmal kurz aufköcheln.

Hinweis zum **Brennnesselspinat**:

Das Kochen von Brennnesseln bewirkt, dass sie nicht mehr „brennen" und als schmackhafter, vitaminreicher Spinat zum Genuss werden. Brennnesselspinat ist einfach köstlich und hat schon so manchen Skeptiker überzeugt!

Wildkräuterauflauf

Brennnesseln gehören auch in meinen Wildkräuterauflauf.

Zutaten:

etwa 1 kg Wildkräuter wie Brennnesseln, Taubnesseln, Löwenzahn, Bärenklau, Vogelmiere, Wegerich, Giersch oder Hirtentäschel
125 g Mehl
125 g Butter
250 g Quark
3 Eier
evtl. Schinkenwürfel
Salz
Kummel oder Muskat
geriebener Käse, gut 100 g
Paniermehl
Butterflöckchen

Sammeln Sie die Wildkräuter, die Sie kennen und mögen und die nicht unter Naturschutz stehen. Nachdem Sie die Kräuter gut gewaschen und getrocknet haben, drehen Sie sie durch den Fleischwolf. Aus Mehl, Butter, Quark und den Eiern stellen Sie einen Teig her. Wenn Sie es herzhafter lieben, dürfen Sie Schinkenwürfel nach Belieben hinzugeben. Würzen Sie mit etwas Salz, mit Kümmel oder Muskat. Nun heben Sie die pürierten Kräuter unter den Teig und füllen die Masse in eine Auflaufform. Dann bestreuen Sie den Auflauf mit geriebenem Käse und Paniermehl und geben ein paar Butterflöckchen darauf. Etwa 30 Minuten überbacken, und schon dürfen Sie Ihren Wildkräuterauflauf genießen!

Hinweise:

Finger weg vom Riesen-Bärenklau (Herkulesstaude)! Dieser ist in allen Teilen giftig. Im Unterschied zum kleineren Wiesen-Bärenklau (0,8-1,5 m) wird der Riesen-Bärenklau bis zu 4 m hoch! Im Zweifelsfall soll ein kurzer (!) Geschmackstest helfen: „Wenn's höllisch bitter schmeckt, war's der Riese!" (www.chefkoch.de). Informieren Sie sich bitte!

Giersch-Eintopf

(Rezept für 2-4 Personen)

Wohl kaum ein Garten bleibt vom Giersch verschont, sehr zum Ärgernis seiner Besitzer. Ist er einmal da, breitet er sich unaufhörlich aus. Machen Sie doch aus der Not eine sehr schmackhafte Tugend! Ernten Sie Ihren Giersch und genießen Sie ihn als Salat (s. o.) oder wie hier als Eintopf!

Als Zutaten benötigen Sie:

Etwa 8 Hand voll Gierschblätter
Wasser
2 El Öl
1 klein gewürfelte Zwiebel
4 fest kochende, klein gewürfelte Kartoffeln
Salz und Pfeffer
1-2 Tl Currygewürz
500 ml kochendes Wasser
(Blanchierwasser benutzen!)
1 zerdrückte Knoblauchzehe
frische Petersilie oder andere Wildkräuter
zum Dekorieren

Die Gierschblätter befreien Sie von den groben Stängeln. Blanchieren Sie sie nach dem Waschen in reichlich Wasser. Nach dem Ausdrücken werden die Blätter fein gehackt. In einer Pfanne erhitzen Sie nun 2 El Öl und dünsten die klein gewürfelte Zwiebel an. Dann geben Sie den Giersch dazu und lassen das Ganze gut 5 Minuten mitdünsten. Anschließend die 4 fest kochenden, klein gewürfelten Kartoffeln hinzufügen, salzen und pfeffern und schließlich mit dem Currygewürz abschmecken. Mit dem kochenden Wasser und der zerdrückten Knoblauchzehe lassen Sie Ihren Eintopf zugedeckt bei schwacher Hitze noch etwa 20-30 Minuten köcheln, bis die Kartoffeln gar sind. Mit frischer Petersilie bestreut schmeckt dieser Eintopf einfach lecker!

Trost für von Giersch geplagte Gartenbesitzer:

Es gibt viele Giersch-Rezepte, die das Ausprobieren lohnen: Gierschlimonade, Gierschtorte, Giersch-Früchteeis, Giersch-Lasagne, Gierschreis, Gierschgemüse, Gierschpesto, Giersch-Maultaschen u. v. m.

Überbackener Fenchel

Vegetarier werden meinen überbackenen Fenchel mögen.

Folgende Zutaten werden gebraucht:

4 Fenchelknollen (etwa 1 kg)
0,5 l kochendes Salzwasser bzw. Brühe
1 Glas trockener Weißwein
Galant
Muskat
Pfeffer
Saft einer halben Zitrone
100 g geriebener Käse (Emmentaler, Gouda, Appenzeller)
1 gehäufter EL Dinkelmehl
frisches Fenchelgrün

Zunächst waschen, putzen und halbieren Sie die 4 Fenchelknollen und kochen sie dann in dem Salzwasser bzw. in der Brühe und in dem Weißwein 20 Minuten. Den Sud verwahren Sie! Gewürzt wird nun mit Galant, Muskat und

Pfeffer und mit dem Saft einer halben Zitrone. Danach das Ganze noch einmal ca. 5 Minuten weiterkochen.
Dann geben Sie den Fenchel in eine gefettete Auflaufform, fügen das Salzwasser bzw. die Brühe hinzu, streuen den geriebenen Käse darüber sowie das Dinkelmehl.

Bei 200 °C wird der Fenchel etwa 30 Minuten überbacken und vor dem Servieren mit frischem Fenchelgrün garniert.

Nachtisch mit Kräutern

Obstsalat mit Duftgeranienblättern

Zutaten:

Ca. 1 kg Obstsalat der Jahreszeit entsprechend
wenig Zucker
frisch gepresster Zitronensaft
Blätter von Duftgeranien

Den Obstsalat richten Sie mit wenig Zucker und mit frischem Zitronensaft in einer Salatschüssel an. Dann hacken Sie einige Blätter von Duftgeranien und heben diese unter den Obstsalat. Der Geschmack des Obstsalats ändert sich immer wieder, je nachdem, ob Geranienblätter mit Rosen-, Zitronen- oder Pfefferminzduft verwendet werden. Natürlich können Sie auch andere essbare Blüten (zusätzlich) verwenden (s. S. 147 ff.).

Pfefferminz-Schokoladen-Traum
(Zutaten für 6 Personen)

„Die Kombination von Minze und Schokolade
muss im Himmel erfunden sein (...)"!
(BREMNESS, 2002, S. 198)

Sie benötigen:

1 kleine Hand voll frischer Pfefferminze
50 ml Milch
150 g Ihrer Lieblingsschokolade,
gut schmeckt eine Mischung aus
Zartbitter- und Vollmilch-Schokolade,
5 Eigelb
400 g Sahne
1 Prise Salz
evtl. 5 Eiweiß

Die Pfefferminzblätter lassen Sie in der Milch kurz aufkochen und 5 Minuten darin ziehen. Dann nehmen Sie die Pfefferminzblätter heraus und lassen die Pfefferminzmilch abkühlen. Danach schmelzen Sie Ihre

Lieblingsschokolade bzw. die beiden angegebenen Schokoladensorten auf dem Wasserbad. Die Minzemilch hinzugeben und verrühren. Nun werden die Eigelbe untergerührt und die Sahne geschlagen und untergezogen. Wenn Sie möchten, können Sie das Eiweiß zu Eischnee schlagen und unterheben. Die Süßspeise ist aber auch ohne Eischnee eine Gaumenfreude!
Vor dem Genuss sollten Sie die Creme für einige Stunden kalt stellen!
Dekoriert wird mit frisch gepflückten, kleinen Pfefferminzblättchen und wenig fein geraspelter Schokolade.

Zubereitungstipps:

Der Geschmack dieser Köstlichkeit ändert sich mit der verwendeten Schokolade: Probieren Sie das Rezept doch einmal mit feiner Marzipan-Schokolade oder mit Nougat-Creme!

Statt Pfefferminze können Sie auch die verschiedenen Fruchtminzen verwenden!

Kräuterkuchen und Kräuterplätzchen

Ringelblumenkuchen

Am Nachmittag empfiehlt sich ein Ringelblumenkuchen, der mit einem Schuss Orangenlikör ein umwerfendes Aroma bekommt!

Die Zutaten:

250 g Butter
250 g Zucker
4 Eier
250 g Mehl und 1 TL Backpulver
die unbehandelten Schalen einer Zitrone und einer Orange
3 gehäufte EL der frischen Blütenblätter von Ringelblumen und
evtl. 1 Schnapsgläschen Orangenlikör.
Dann dürfen Sie aber noch einen EL Ringelblumenblüten zusätzlich hinzugeben.

Zunächst rühren Sie Butter, Zucker und Eier in einer Schüssel schaumig, bevor Sie Mehl und Backpulver unterheben ebenso wie die unbehandelten Schalen einer Zitrone und Orange. Zum Schluss werden die 3 gehäuften EL der frischen Blütenblätter von Ringelblumen vorsichtig untergehoben. Wenn Sie die alkoholische Variante bevorzugen, dürfen es auch 4 EL Blütenblätter sein. Stehen Ihnen keine frischen Blütenblätter zur Verfügung, nehmen Sie gut die halbe Menge getrockneter Ringelblumenblütenblätter aus der Apotheke.

Den Teig geben Sie in eine gefettete Kastenform und backen ihn bei 180 °C etwa eine Stunde. Den fertigen Kuchen etwa 5 Minuten abkühlen lassen und dann aus der Form nehmen.

Kräuterplätzchen

Ist der Hunger am Nachmittag nicht so groß, werden Ihnen meine Kräuterplätzchen zu einer Tasse Kräutertee sicher gut schmecken.

Folgende Zutaten werden gebraucht:

200 g Mehl nach Wunsch (Dinkel, Weizen,
Grünkern etc.; auch gemischt),
je 1 TL Backpulver, Kräutersalz und
gemahlener Kümmel,
etwas Pfeffer sowie
3 EL Öl,
5 EL Joghurt und
4 EL frische Kräuter wie Petersilie,
Schnittlauch, Kresse, Borretsch, Dill

Die Zubereitung geht recht schnell:

Alle Zutaten werden zu einem glatten Mürbeteig verarbeitet. Der kalte Teig wird auf einer bemehlten Fläche ausgerollt, aus dem kleine Plätzchen ausgestochen werden. Diese

Plätzchen setzen Sie dann auf ein mit Backpapier ausgelegtes Backblech, wenn gewünscht, bestreichen Sie sie mit 1 Eigelb (in 1 EL Wasser verquirlt) und backen Sie sie schließlich im nicht vorgeheizten Backofen auf mittlerer Schiene bei 200 °C etwa 25 Minuten.

Natürlich passen die Plätzchen auch als Knabberei zu Wein und Bier sowie als Beilage zu einer Salatplatte oder zu einer Suppe.

Haben Sie das gewusst?

Bier kann auf eine 6000 Jahre alte Geschichte zurückblicken. Das „Urbier" stammt wohl von den Sumerern. In jenen Tagen wurde das Bier mit allerlei Gewürzen wie Anis und Zimt versetzt, später dann auch mit Kräutern wie Rosmarin und Salbei, des Geschmacks, der (psychoaktiven) Wirkung und der Haltbarkeit wegen. **Kräuterbiere** waren im Mittelalter als Arzneimittel hoch geschätzt. Meist hängte man die getrockneten Kräuter einfach ins Bier. Vielleicht probieren Sie das auch einmal aus?

It's Party-Time!

Für den geselligen Abend im Familienkreis wie für Gäste Ihres Hauses empfehle ich Ihnen neben den bereits vorgestellten Salaten 3 weitere schnell zubereitete, sehr schmackhafte Gerichte: ein Stangenbrot mit frisch-würziger Kräuterfüllung, einen nahrhaften Salat (Kräuter-Tabbouleh mit Bulgur) und ‚Gegrillte Banane mit Zimt-Basilikum-Creme'.

Party-Kräuterbrot

Das Brot ist schnell zubereitet und schmeckt sicher auch Ihren Gästen hervorragend.

Zutaten:

1 Stangenweißbrot
50 g Butter
3 Ecken Kräuterstreichkäse
100 g geriebener Emmentaler

1/8 l Sahne (maximal)
1 Zwiebel
1 Knoblauchzehe
3 Essiggurken oder 3-5 Cornichons, je nach Größe
1 Bund Estragon
1 Bund Schnittlauch
1 Bund Petersilie
1 Bund Dill

Die Zubereitung des Kräuterbrots geht schnell von der Hand:

Verrühren Sie die weiche Butter mit dem Käse und der Sahne zu einer streichfähigen Masse (also nicht zu flüssig). Zwiebel, Knoblauch, Gurken und Kräuter fein hacken und dazugeben. Schneiden Sie das Stangenbrot in gut 1 cm dicke Scheiben und legen Sie es der Reihe nach wieder bereit. Jede Scheibe bestreichen Sie nun von beiden Seiten mit der angerührten Masse etwa 1 cm dick. Dann fügen Sie auf einem mit Backpapier ausgelegten Backblech das Baguette Scheibe

für Scheibe so zusammen, dass das Brot wieder seine Stangenform erhält.
Backen Sie das Brot bei 200 °C ca. 30 Minuten, je nach Herdart.

Dazu empfehlen sich Salate mit reichlich frischen Kräutern (s. o.).

Tipp:

Denken Sie rechtzeitig an das Einfrieren von Kräutern, sei es nach Kräutern getrennt, z. B. in Alu-Folie eingeschlagen und beschriftet, oder als Ihre Kräuter-Lieblingsmischung, küchenfertig portioniert in Eiswürfelformen. Förmchen evtl. mit Brühe oder Wasser auffüllen!

Kräuter-Tabbouleh

Zutaten (für 8 Personen):

200 g Bulgur
400 ml heißes Wasser
2 Bund Petersilie
½ Bund Schnittlauch
4 Frühlingszwiebeln
4 Tomaten
3 EL klein gehackter Basilikum
3 EL klein gehackte Minze
3 EL Zitronensaft
3 EL Olivenöl

Rühren Sie den Bulgur in das heiße Wasser ein und lassen Sie ihn gut 15 Minuten stehen, bis das Wasser aufgesogen ist. Waschen, putzen und zerkleinern Sie die Petersilie und den Schnittlauch. Auch die Frühlingszwiebeln und die Tomaten werden klein gehackt und mit dem klein gehackten Basilikum und der klein gehackten Minze und mit dem Zitronensaft und dem Olivenöl vermengt.

Kräuter-Tabbouleh bis zum Verzehr kalt stellen! Dazu passt natürlich immer frisch gebackenes Brot.

Hinweis:

Denken Sie dabei auch an die bereits vorgestellten **Kräuter-, Zwiebel- und Käsebrötchen**! Sie sind auf jedem Grill-Abend willkommen. Machen Sie die Brötchen nicht zu groß. So können sie eher einmal zwischendurch genascht werden.

Gegrillte Banane mit Zimt-Basilikum-Creme

Sie benötigen dafür:

4 reife, aber noch feste Bananen
4 EL Crème fraîche
4 EL Frischkäse
4-6 gehackte Basilikumblätter
etwas Zimtpulver
evtl. Puderzucker

Während die Bananen in der Schale grillen, bereiten Sie aus den übrigen Zutaten eine Creme vor, indem Sie alle Zutaten dafür gut miteinander vermengen. Die Bananen brauchen am Rand eines Holzkohlegrills etwa 7-10 Minuten, zwischendurch bitte einmal wenden. Sie sind fertig, wenn die Schale schwarz wird. Die geschälten, noch warmen Bananen werden mit der kalten Creme angerichtet und mit frischen Basilikumblättern dekoriert serviert!

Kräuter-Allerlei

Ergänzend zu meinen zuvor genannten Koch- und Backrezepten finden Sie hier Anleitungen zur Herstellung von Rosmarinbutter, Lavendelzucker, Basilikumessig, Kräuteröl, Rosmarinsalz ... bis hin zu Informationen zu essbaren Blüten.

Essbare Blüten

Essbare Blüten sind in der Kräuterküche voll im Trend. Jeder noch so einfache Salat, jedes Gericht wird mit essbaren Blüten zu einem Glanzlicht auf Ihrem Tisch! Zudem enthalten sie wertvolle Inhaltsstoffe (Nektar, Blütenstaub etc.), die in anderen Pflanzenteilen nicht vorkommen. Doch verwenden Sie nur Blüten, von denen Sie ganz sicher wissen, dass sie essbar sind. Ungespritzt und frisch müssen sie außerdem sein. Die Fachliteratur und die nachfolgende kleine Übersicht helfen Ihnen dabei:

Essbar sind z. B.:
Borretschblüten, sie sind himmelblau und haben ein leichtes Gurkenaroma.
Die Blütenblätter von Chrysanthemen und Dahlien schmecken leicht bitter. Sie sollten Ihren Salat darauf abstimmen. Etwas Zucker und ein wenig Sahne mildern den Geschmack.
Die gelben Dolden des Gewürzfenchels erinnern an Anis und Lakritz.
Indianernesseln eignen sich prima zum Dekorieren (und zum Essen!).
Phloxblüten schmecken wunderbar süß und gelten als sehr delikat.
Taglilien sind knackig-frisch im Geschmack.
Probieren Sie auch die Blütenblätter von Veilchen, Zierlauch und Zucchini.
Trauen Sie sich!

Neben den oben genannten sind die Blüten auch von folgenden Kräutern essbar: Bärlauch, Bohnenkraut, Dill, Dost, Frauenmantel, Fenchel, Gänseblümchen, Giersch, Gundermann, Huflattich, Jasmin, Kapuzinerkresse, Klatschmohn (nur die Blütenblätter), Knoblauchsrauke, Königskerze, Kornblume, Lauch, Löwenzahn (roh nur die

Blütenblätter oder die Knospen; für einen alkoholischen Auszug kann man auch die ganze Blüte verwenden), Malve, Majoran, Melisse, Minze, Nachtkerze, Nelkenwurz, Odermennig, Pastinake, Quendel, Rose, Ringelblume, Salbei, Sauerklee, Sonnenblume, Spitzwegerich, Taubnessel, Thymian, Vogelmiere, Wegerich (die Blütenknospen). Wicke und Wiesenschaumkraut, Ysop.

Essbare Blüten werden in aller Regel roh gegessen. Es sei denn, Sie servieren sie als „Versteckte Blüten" (s. u.) in Teig gebacken. Mal essen Sie die Blüte als ganze, mal essen Sie nur die Blütenblätter und mal nur die Knospe: Löwenzahnknospen gelten als absolute Delikatesse!

Vor dem Verzehr sollten Sie die Blüten nicht waschen, denn Sie würden auch den wertvollen Nektar und den Blütenstaub dadurch abwaschen. Allerdings sollten Sie nachschauen, ob sich nicht noch Bienen, Ohrenkneifer und andere kleine Insekten in den schmackhaften Blüten verstecken. Sie wollen sie doch nicht mitverspeisen, oder?

Kandierte Blüten

Schon vor 2000 Jahren haben Menschen essbare Blüten kandiert. Die alten Römer liebten kandierte Veilchen. Sie waren angeblich eine ihrer Lieblingsspeisen!

Zutaten:

Blüten, sauber und trocken
1 Eiweiß
1 EL Wasser
feinster Kristallzucker

Verrühren Sie das Eiweiß mit dem Wasser, doch schlagen Sie die Masse dabei nicht schaumig. Die Luftbläschen stören beim Kandieren! Nun nehmen Sie jede Blüte einzeln und pinseln sie vorsichtig und trotzdem sehr sorgfältig von allen (!) Seiten mit dem Eiweißwasser ein. Danach wird der Zucker aufgestreut. Das gelingt am besten mit einem Teelöffel, mit dem Sie den Zucker ganz gezielt auch in die feinsten Zwischenräume streuen können. Dann legen Sie die kandierten Blüten zum Trocknen auf ein mit reichlich Zucker bestreutes Butterbrotpapier, wo sie immer wieder gewendet und erneut mit Zucker bestreut werden. Wenn die kandierten Blüten getrocknet sind, sehen sie „gefrostet" aus, wie von Raureif bedeckt!

Kräuterblüten in Eiswürfeln

Sie sind ein Blickfang in jedem Drink. Geben Sie in eine Eiswürfelform Wasser (besser geeignet ist Mineralwasser ohne Kohlensäure: die Eiswürfel bleiben klar!). Fügen Sie nun Blüten oder Blätter von Kräutern Ihrer Wahl hinzu. Geeignet sind alle kleinen essbaren Blüten und Blätter wie z. B. die Blüten von Borretsch, Duftgeranien, Gänseblümchen, Königskerze und Veilchen oder die Blüten und Blätter von Thymian sowie die Blätter von Oregano und krauser Petersilie.

Kräuterblütentoast

Sie benötigen:

Brot nach Wahl
1 Hand voll frischer Blüten,
Blütenblätter bzw. Knospen
70 g Frischkäse
sowie jeweils etwas Milch und Zitronensaft
1 Knoblauchzehe
Salz
Zucker

Sammeln Sie eine Hand voll frischer Blüten, die Sie auf ungebetene Gäste (Ohrenkneifer etc.) hin untersuchen. Dann verrühren Sie den Frischkäse mit etwas Milch und etwa 1 TL Zitronensaft und geben alles zusammen in eine Schüssel, die Sie zuvor mit der Knoblauchzehe ausgerieben haben. Alles gut unterheben und mit Salz und Zucker abschmecken. Auf selbst gebackenem Brot oder auf noch warmem Toast schmeckt dieser „Blütenzauber" hervorragend und ist zudem ein wahrer Augenschmaus! Passende Kräuterblätter wie Schnittlauch oder Melisse setzen dabei Akzente!

„Versteckte" Blüten

Wer kennt sie nicht, die „Hollerküchle", die in Pfannkuchenteig gebackenen Duftblüten des Schwarzen Holunders. Ganz ähnlich verfahren Sie mit Kräuterblüten!

Geeignet sind u. a. die Blüten von Borretsch, Gänseblümchen, Löwenzahn (nur die gelben Blütenblätter), Monarde und Ringelblume.

Für den Teig brauchen Sie:

2 Eier
2 Tassen Mehl
½ Tasse Milch
1 TL Backpulver
1 EL Honig
Fett
sowie Kräuterblüten nach Wahl,
gut 2 Hand voll

Stellen Sie aus allen Zutaten einen glatten Pfannkuchenteig her. Heben Sie die Blüten behutsam unter den Teig und backen Sie den Teig samt Blüten esslöffelweise sofort in einer nicht zu heißen beschichteten Pfanne und mit wenig Fett goldgelb aus.

Zubereitungstipps:

Feinschmecker mischen 1-3 EL Weißwein in den Teig und verwenden dementsprechend weniger Milch oder fügen entsprechend mehr Mehl und ein zusätzliches Ei hinzu!

Und: Was mit Kräuterblüten gelingt, klappt natürlich auch mit dem Kraut!

„Verstecktes" Kraut

Ähnlich wie zuvor beschrieben geben Sie hier die zerkleinerten Blätter beliebter Kräuter in den Teig. Doch lassen Sie die Blätter zuvor 1 bis 2 Stunden antrocknen. Oder Sie ziehen das überflüssige Wasser mit Kräutersalz aus. Dazu werden die gereinigten, trockenen Blätter mit dem flachen Messer leicht geklopft und von beiden Seiten mit Kräutersalz bestreut. Saft ziehen lassen, Salzkrümel mit dem aufgesogenen Wasser entfernen und Blätter im Teig goldgelb ausbacken.

Grüne Chips

Besonders große Blätter, etwa ab „Brennnesselblatt-Größe", können auch einzeln ausgebacken werden. Dies ergibt noch einmal eine andere Optik. So ausgebackene Kräuter eignen sich hervorragend als Beilage oder als grüne Chips zu Kräuter-Dips!

Kräuter-Dip

Zu Brot, zu Keksen und Salzstangen passen Dips. Hier ist das Rezept für einen Kräuter-Dip.

Als Zutaten benötigen Sie:

500 g Quark
½ Becher Sahne
etwas heißes Wasser
Kräutermischung
fein gewürfelte Tomaten
Knoblauch
Paprikagewürz

Verrühren Sie den Quark mit der Sahne und dem heißen Wasser zu einer cremigen Masse. Stellen Sie sich Ihre Lieblingskräutermischung zusammen, die Sie sehr fein hacken und zur Creme hinzufügen, oder Sie verarbeiten fertige Kräutermischungen. Abschmecken mit fein gewürfelten Tomaten, mit Knoblauch, Paprikagewürz und Essig. Und fertig ist der Kräuter-Dip!

Kräuterbutter als Brotaufstrich

Selbst gebackenes wie gekauftes Brot können Sie durch selbst gemachte Kräuterbutter zu einem schmackhaften Imbiss verfeinern.

Für die Kräuterbutter benötigen Sie:

eine Knoblauchzehe
ungesalzene, zimmerwarme Butter oder Margarine
Kräuter oder Kräutermischung aus Dill, Kerbel, Estragon, Basilikum, Melisse, Schnittlauch etc.
etwas Zitronensaft

Für dic Herstellung von Kräuterbutter nehmen Sie eine Schüssel, die Sie gut mit Knoblauch ausreiben. Darin mischen Sie die ungesalzene, zimmerwarme Butter oder Pflanzenmargarine mit den Kräutern. Fügen Sie noch etwas Zitronensaft nach Ihrem Geschmack hinzu. Nun vermischen Sie alles intensiv in einem Mixer und formen abschließend eine typische

Kräuterbutterrolle, die Sie in Folie einschlagen und im Kühlschrank erkalten lassen.

Tipp:

Sie können Kräuterbutter auch einfrieren. Stellen Sie also größere Mengen her, die Sie portioniert tiefkühlen.

Schnittlauchbutter

100 g weiche, ungesalzene Butter
2 TL Zitronensaft
3 gehäufte EL fein gehackter Schnittlauch
Meersalz und schwarzer Pfeffer

Lavendelbutter mit Salbei und Veilchenblüten

Diese Kräuterbutter schmeckt besonders delikat. Sie passt zu Suppen oder z. B. zu Zwiebelkuchen. Aber auch als Brotaufstrich schmeckt Lavendelbutter einfach lecker!

Sie brauchen dazu:

1 Paket kalte Butter
Blüten von Lavendel, Veilchen und Salbei

Schneiden Sie ein gut gekühltes Stück Butter quer in etwa 1 cm breite Streifen. Belegen Sie nun jede Scheibe lagenweise mit den Blüten von Lavendel, Veilchen und Salbei. Legen Sie die Scheiben wieder so aneinander, dass ein Stück Butter entsteht. Alles gut festdrücken und in den restlichen Blüten wenden, so dass auch die Seiten mit den duftenden Blüten dekoriert sind. Nun kommt die Butter für 24 Stunden in den Kühlschrank.

Zubereitungs- und Verwendungstipps:

Auf die vorgestellten Arten lässt sich natürlich auch andere Kräuterbutter herstellen, z. B. mit Oregano, Rosmarin oder Schnittlauch etc.

Rosmarinbutter z. B. eignet sich zum Braten oder erwärmt über Pellkartoffeln, Fisch oder Spargel.

Schnittlauchbutter schmeckt über gegrillten Folienkartoffeln.

Oreganobutter über gegrillten Maiskolben - einfach köstlich!

Hinweis zur
Haltbarkeit von Kräuterbutter:

2 Wochen im Kühlschrank oder
bis zu 2 Monate in der Gefriertruhe

Kräuterzucker zum Kochen und Backen

Ob zum Kuchenbacken, beim Kochen oder bei der Herstellung von Salatmarinaden – verwenden Sie doch einmal Kräuterzucker!

Sie benötigen:

etwa 20 g duftende Blüten (Lavendel, Thymian, Duftgeranien, Duftrosen, Indianernessel etc.) oder geringfügig mehr Duftblätter von Kräutern Ihrer Wahl
1 kg Zucker

Vermengen Sie den Zucker mit den Duftblüten oder Kräutern. Sie können nur ein Kraut oder auch eine Kräutermischung für Ihren Duftzucker verwenden. Lassen Sie den Duftzucker 1-2 Wochen verschlossen stehen, damit der Zucker den Blüten- bzw. Kräuterduft annimmt. Vor der Weiterverwendung können Sie ihn durchsieben.

Lavendelzucker

Lavendelzucker galt früher als beliebte Süßigkeit. Er schmeckt toll zu Milchreis, Crêpes und frischen Beeren. Er eignet sich zum Bestreuen von Kuchen und Desserts und zum Süßen von Getränken. Dekorativ in ein Glas geschichtet ist Lavendelzucker auch ein wirkungsvolles Mitbringsel!

Zutaten:

20 g Lavendelblüten oder einige Lavendelblütenähren
1 kg Zucker

Geben Sie den Lavendel schichtweise in den Zucker. Verschließen Sie das Gefäß gut. Binnen 1-2 Wochen hat der Zucker den Duft von Lavendel angenommen. Vor der weiteren Verwendung sollten Sie den Lavendelzucker durchsieben, es sei denn, Sie kochen sich samt Blüten einen herrlich duftenden Tee.
1-2 TL genügen für 1 Tasse.

Kräutersalz

Auf vergleichbare Weise wie Kräuterzucker stellen Sie Ihr eigenes Kräutersalz her.

Zutaten:

20 g Kräuter oder Duftblüten
500 g Salz

Kräuter oder Duftblüten sehr fein scheiden und mit (Jod- bzw. Meer-) Salz vermengen. Durchziehen lassen, evtl. durchsieben.

Tipp:

Kräuter bzw. Blüten mit hohem Feuchtigkeitsgehalt (z. B. die Blätter des Basilikum, die Blüten der Indianernessel etc.) einen Tag antrocknen lassen, damit der Zucker bzw. das Salz nicht klumpen und die ätherischen Öle sich voll entfalten können!

Kräuteressig

Zutaten:

ca. 8 Stängel Kräuter
1 l möglichst hochprozentiger Essig

Für einen würzigen **Kräuteressig** suchen Sie sich eine bunte Mischung schmackhafter Kräuter aus, die Sie waschen, gut trocken tupfen oder in der Salatschleuder trocknen und in feine Streifen schneiden. Das können sein: Melisse, Kapuzinerkresse, Schnittlauch, etwas Pfefferminze, einige Duftgeranienblätter oder -blüten, Blättchen des Zitronenstrauchs, Mandarinensalbei, Petersilie etc.
Als Essigkräuter eignen sich weiterhin: Basilikum, Bibernelle, Bohnenkraut, Dill, Estragon, Fenchel, Kerbel, Knoblauch, Lorbeer, Majoran, Oregano, Rosmarin, Salbei und Thymian sowie die Blüten von Kapuzinerkresse, Lavendel, Rose, Rosmarin, Thymian und Veilchen.

Wenn Sie mögen, ergänzen Sie die Mischung mit wenig, sehr klein gewürfelten Paprika- und Tomatenstückchen. Dadurch wird der reine Kräuteressig bunter. Die klein geschnittenen Blüten von Kapuzinerkresse, Duftgeranien oder Rosenblüten schmücken Ihren Essig ebenso gut.

Füllen Sie ein Gefäß Ihrer Wahl (Marmeladenglas, Flasche) maximal bis zu einem Drittel mit diesen Kräutern. Üblicherweise verwendet man 5-8 Stängel frischer Kräuter auf 1 l Essig. Nun möglichst hochprozentigen Essig aufgießen (Säuregehalt über 5 %), bis das Gefäß voll ist. Diese Mischung lassen Sie ein paar Tage, längstens 2 Wochen, im Warmen stehen, schütteln hin und wieder und dürfen fortan genießen - egal ob mit den Kräutern oder abfiltriert ohne sie. Der Essig hält sich nahezu „ewig", wenn ein Essig mit hohem Säuregehalt gewählt wurde.

Natürlich können Sie statt der Kräutermischung nur ein einzelnes Kraut zur Essigherstellung wählen: Bohnenkraut, Estragon, Bärlauch oder Ysop z. B.

Als Essigbasis empfehlen sich neben Obstessig auch Weinessig, Aceto Balsamico und Walnussessig z. B., jeweils mit Säuregehalt über 5 %.

Winteressig

Ergänzt man den so hergestellten Kräuteressig mit Knoblauch oder mit Wurzelgemüse wie Pastinaken, Sellerie oder Petersilienwurzel erhält man einen aparten, würzigen Winteressig!

Lavendelessig

Lavendelessig ist etwas für Genießer und – in eine schöne Flasche gefüllt und ansprechend dekoriert – ein kleines, aber feines Mitbringsel zur Party!

Zutaten:

1 Hand voll Lavendelblüten (frisch oder getrocknet, z. B. aus der Apotheke)
750 ml guter Weißweinessig

Geben Sie die Lavendelblüten in die Flasche Essig und lassen Sie die Mischung gut 2 Wochen ziehen. Danach abfiltrieren und in dunkle Flaschen füllen. Außer zu Salaten können Sie Lavendelessig auch hervorragend zum Würzen von hellen Fischsoßen verwenden!

Basilikumessig

Für die Selbstherstellung von Basilikumessig
benötigen Sie:

2 Hand voll Basilikumblätter
2 Knoblauchzehen
750 ml Weißweinessig

Geben Sie alles in eine hübsche Flasche und lassen Sie den Essig gut 10 Tage warm, aber nicht an der Sonne durchziehen. Danach abseihen und dunkel aufbewahren.

Zubereitungstipp:

Stellen Sie jeweils kleine Portionen her. Seien Sie experimentierfreudig, denn Essig kann so vielseitig sein!

Kräuteröl

Bei der Herstellung von Kräuterölen müssen die ausgewählten Kräuter trocken sein.

Zutaten:

3 - 5 Zweige frische Kräuter oder
1 - 2 EL getrocknete Kräuter
1 l Öl nach Wahl

Legen Sie die Kräuter wie Rosmarin, Lavendel oder Thymian in das Öl ein. Als Öl-Basis wählen Sie z. B. Sonnenblumen-, Distel-, Maiskeim-, süßes Mandel- oder Sojaöl. Kräftiges Olivenöl verträgt auch Basilikum, Rosmarin und Knoblauch. Lassen Sie den Auszug 1 - 2 Wochen warm, aber nicht in der Sonne stehen, und schütteln Sie ihn gelegentlich. Nach dem ersten Öffnen der Flasche sollten Sie die Kräuter aus dem Öl entfernen und das Kräuteröl fortan dunkel stellen.

Tipp:

Stellen Sie stets kleine Mengen her, denn Ihr Kräuter-Öl-Auszug ist nur wenige Wochen (etwa 2-4 Monate) haltbar.

Verwendungstipp:

Wenn Sie Kräuteressige oder -öle verschenken möchten, geben Sie nach dem Abseihen erneut frische Kräuter in die Flasche.

Soweit meine Sammlung ausgewählter Rezepte und Anleitungen rund um das Thema „Heilkräuter - ein Genuss!". Über Zuschriften weiterer Rezepte würde ich mich freuen!

Anhang

Hinweise

Die vorliegenden Rezepte und Anleitungen wurden von der Verfasserin eigenständig entwickelt und erprobt, oder von ihr recherchiert. Alle Angaben erfolgen nach besten Wissen und Gewissen. Alle Rezepte sind nur für die persönliche, nicht kommerzielle Verwendung im privaten Haushalt gedacht. Auch die Rezepte für die Herstellung von Likören und anderen alkoholischen Kräuterzubereitungen sind nur für den Eigenbedarf gedacht. Gesetzliche Bestimmungen blieben deshalb unberücksichtigt. Ein Beispiel: Streng genommen darf ein alkoholisches Getränk sich nur unter bestimmten, gesetzlich geregelten Bedingungen ‚Likör' nennen.

Die Informationen zu den Kräutern, ihren Heilwirkungen und Anwendungen sowie die vorliegenden Rezepte und Anleitungen basieren zu einem Teil auf Büchern zum Thema (siehe Quellenangaben im Text bzw. vgl. das Literaturverzeichnis). Oder sie beruhen auf traditionellen Überlieferungen bzw. auf Mitteilungen von Kräuterkundigen, oder sie wurden der Verfasserin anderweitig zur Verfügung gestellt, z. B. im Rahmen ihrer Vortrags-, Seminar- oder Ausstellungstätigkeit. In diesen Fällen fehlen verständlicherweise exakte Quellenangaben bei den einzelnen Rezepten und Anleitungen.

Allen, die mich an ihrem Wissen und an ihren Erfahrungen im Umgang mit Heil- und Küchenkräutern teilhaben ließen, sei herzlich gedankt.

Eine Garantie für die Richtigkeit der Angaben übernimmt die Verfasserin nicht. Alle Angaben erfolgen ohne Gewähr. Die Umsetzung und Anwendung der Rezepte und Anleitungen setzt beim Leser die sichere Kenntnis voraus.

Ausdrücklich wird darauf hingewiesen, dass Heilpflanzen hochwirksame Arzneimittel sind und neben Wirkungen auch Nebenwirkungen besitzen können oder gar schädliche Wirkungen haben können. Diese konnten aus Platzgründen bei den vielen Rezepten nur in Ausnahmefällen angegeben werden. Also informieren Sie sich vorab! Beispiele für mögliche Nebenwirkungen bzw. Gegenanzeigen: Rosmarin und Salbei dürfen z. B. nicht während der Schwangerschaft eingenommen werden, Salbei hemmt zudem den Milchfluss bei stillenden Müttern. Petersilie wirkt abortiv. Johanniskraut macht lichtempfindlich, frische

Holunderbeeren sind giftig. Huflattich kann im Dauergebrauch zu Leberschäden führen etc.

Selbst beliebte Kräuter können giftig sein wie in hohen Dosen eingenommen die Pfefferminze oder bei falscher Anwendung das gerade bei Kindern wegen seines Duftes so beliebte Maiglöckchen.

Eine **Haftung** für etwaige Nachteile, Schäden und Unfälle, die aus den praktischen Anwendungen, Hinweisen, Anleitungen und Rezepten in diesem Buch entstehen, wird aus keinem Rechtsgrund übernommen.

Anfragen für Vorträge, Fortbildungen und Ausstellungen zum Thema richten Sie bitte direkt an die Autorin:

Brigitte Stumpf-Braunsmann
Diplom-Psychologin
Psychologische Gesundheitsförderung BDP
D-40822 Mettmann
Internet: www.bildung-und-gesundheit.de
E-mail: info@bildung-und-gesundheit.de

Literatur

ADAC (1999): Das große Buch der Hausmittel. Gesundheit aus der Natur. München: ADAC.

BECKMANN, Dieter & BECKMANN, Barbara (1997): Das geheime Wissen der Kräuterhexen. Alltagswissen vergangener Zeiten. München: dtv.

BREMNESS, Leslie (2002): Duft und Sinnlichkeit. Kräuter, Aromen, Öle. München: BLV.

BICKEL, Gabriele (1997): Mein Kräuterhexenwissen. Elixiere, Tees, Salben und Pasten. Stuttgart: Kosmos.

dies. (1999): Meine Kräuterhexengesundheit. Naturheilmittel, Rezepte, Kurzkuren. Stuttgart: Kosmos.

COLDITZ, Gabriele (1996): Beeren-, Frucht- und Kräuterweine. Graz: Stocker.

COUPLAN, Francois (1997): Wildpflanzen für die Küche. Botanik, Sammeltips und Rezepte. Aarau: AT.

CURIC, Anton (1998): Hildegard von Bingen. Köln: H+L.

FISCHER, Claudia & FISCHER Reinhold (1991): Geheimnisse der Klostergärten. Praktische Erfolgsrezepte für naturnahes Gärtnern. München: Südwest.

FROMMHERZ, Andrea & GÜNTER-BIEDERMANN, Edith (1998): Kinderwerkstatt Zauberkräuter. Aarau: AT.

GABRIEL, Ingrid (1988): Kräuter und Heilpflanzen im Biogarten. Gesunde Ernte durch natürlichen Anbau. Niedernhausen/Ts.: Falken.
GAIGG, Walter (1998): Ansatzschnäpse. Liköre, Schnäpse und Kräuterweine selbst gemacht. München: Heyne.
GARLAND, Sarah (1988): Der duftende Kräutergarten. Würzkräuter. Duftkräuter. Heilkräuter. München: Mosaik.
GEORGE, Herbert (1996): Likörbereitung. Stuttgart: Ulmer.
HIRSCH, Sigrid (2000): Kräuterrezeptbuch. Unterweitersdorf: freya.
HOMBRINK, Ilse (2001): Mit und ohne. Hausgemachte Liköre, Schnäpse und Getränke. Warendorf: Schnell.
KELLER, Erich (1999): Die Welt der Düfte. Handbuch der Aromatherapie. Weyarn: Seehamer.
KREUTER, Marie-Luise (1985): Kräuter und Gewürze aus dem eigenen Garten. Naturgemäßer Anbau, Ernte, Verwendung. BLV Gartenberater. München: BLV Verlagsgesellschaft.
LIEBSTER, Günther (1991): Heilkraft aus dem Garten. Gehölze, Gemüse und Kräuter als Heilpflanzen. Herrsching: Pawlak.
NÄGER, Sylvia & WIEMERS, Sabine (2000): Hexentanz und Zauberkraut. Ein Hexen Spiel- und

Sachbuch (Für Kinder ab ca. 8 Jahren).
Darmstadt: Wissenschaftliche Buchgesellschaft.
SCHERF, Gertrud (2003 a): Wildfrüchte und Wildkräuter. Erkennen, sammeln, zubereiten. München: BLV.
SCHERF, Gertrud (2003 b): Zauberpflanzen, Hexenkräuter. München: BLV.
THEA (2000): Hexenrezepte. München: Südwest.
THOMSON, William A. R. (1978): Heilpflanzen und ihre Kräfte. Ein Ratgeber für Fragen der Gesundheitsmedizin auf natürlicher Basis. Köln: Lingen.
TREBEN, Maria (1987): Heilkräuter aus dem Garten Gottes. München: Heyne.
WERNER, Helga (1997): Meine Schnapsfibel. Wien: tosa.
YORK, Ute (1995): Bach-Blüten. Therapie für Körper und Seele. Augsburg: Bechtermünz.
ZITTLAU, Jörg (2001): Gewürze. Aromatische und pikante Rezepte. München: Cormoran.
ZITTLAU, Jörg & HELFFERICH, Michael (1977): Heilpflanzen unserer Heimat. Gesundheit, Schönheit und Wohlbefinden mit selbst gesammelten Kräutern. Anwendung, Heilwirkung und Rezepte. München: Ludwig.
... sowie themenrelevante Broschüren aus Apotheken, der Bundeszentrale für gesundheitliche Aufklärung in Köln, der Krankenkassen u. a. m.

Internet-Quellen

(Eine Verantwortung für externe Internetseiten wird nicht übernommen; vgl. www.disclaimer.de):
www.botanikus.de, entnommen am 20.12.2003
www.chefkoch.de, entnommen am 22.12.2003
www.fegeler.com/likindex.htm, entnommen am 21.07. 2001
www.hexenkueche.de, entnommen am 19.10.2003
www.imkerei-mueller.de, entnommen am 19.10.2003
www.municipia.at. Darin: Heilkräuter der alten Klostermedizin erblühen neu. Entnommen am 21.09.2000
www.onkelheinz.de/wein.htm, entnommen am 22.07.2001
www.spiegel.de, entnommen am 15.12.2003
www.wkf.de, entnommen am 14.12.2003

Bildnachweis

Umschlaggestaltung und Umschlagfoto:
Brigitte Stumpf-Braunsmann
Bildnachweis:
Brigitte Stumpf-Braunsmann
Bildbearbeitung:
Alwin Braunsmann

Verzeichnis der Rezepte

Kräuter-Allerlei 147

Weitere Kochbücher aus dem Verlag-SCHNELL

Format 15 x 21 cm; handgeschrieben, gebunden,

9,90 EURO

Erdbeeren
Pumpernickel
Mit und ohne (Liköre/Schnäpse)
Kürbis - Der Kaiser des Gartens
Kartoffel-Kochbuch
Äpfel
Pumpkin & Co (Kürbiskochbuch)
Himbeeren & Heidelbeeren
Bärlauch
Ufos & Co (Zucchinikochbuch)
Kinderkochbuch
Muhhh / Milch, Käse, Quark & Co
Köstlichkeiten von einem edlen Gemüse (Spargel-Kochbuch)
Verpackte Köstlichkeiten
Westfälischer Kaffeeklatsch
Westfälisches Plätzchenbuch
Kochbuch aus Westfalen
Champignon, Steinpilz & Co
Holunderzauber

Westfälische Köstlichkeiten 18,40 EURO
Rezepte zum Verlieben 7,45 EURO
Kleckskuchen vom Blech 8,40 EURO
Bienenstich 8,40 EURO
Das Marmeladenbuch 5,- EURO

Literarische Kochbücher:

Das Goethe Kochbuch 12,40 EURO
Goethes erotische Liebesspeisen 13,40 EUR
Kochen mit Wilhelm Busch 13,40 EURO
Das Fontane Kochbuch 10,- EURO
Kochb. d. Weimarer Klassik 13,40 EURO
Auch ich in Arkadien 9,90 EURO

KÜRBIS
Der Kaiser des Gartens
Ein Kochbuch
SCHNELL

UFOS & Co
Ein Zucchinikochbuch
SCHNELL

Das
BÄRLAUCH
Kochbuch
Andrea Kösslinger • Sibylle Reiter
SCHNELL